心理健康与职业素养

主编 褚文化 张 萍
主审 黄辛隐 徐益清
参编 龚 烨 江 丽 俞 红
　　 柏 英 杭 艳 朱静霞

苏州大学出版社

图书在版编目(CIP)数据

心理健康与职业素养 / 褚文化,张萍主编. —苏州:苏州大学出版社,2020.8(2023.7 重印)
ISBN 978-7-5672-3266-2

Ⅰ.①心… Ⅱ.①褚…②张… Ⅲ.①心理健康-健康教育-职业教育-教材②职业道德-职业教育-教材 Ⅳ.①G444②B822.9

中国版本图书馆 CIP 数据核字(2020)第 130395 号

书　　名：	心理健康与职业素养
主　　编：	褚文化　张　萍
责任编辑：	周建兰
装帧设计：	刘　俊
出版发行：	苏州大学出版社(Soochow University Press)
出 版 人：	盛惠良
社　　址：	苏州市十梓街 1 号　邮编:215006
印　　刷：	苏州工业园区美柯乐制版印务有限责任公司
网　　址：	www.sudapress.com
邮　　箱：	sdcbs@suda.edu.cn
邮购热线：	0512-67480030
开　　本：	787mm×1 092mm　1/16　印张:10.75　字数:205 千
版　　次：	2020 年 8 月第 1 版
印　　次：	2023 年 7 月第 3 次印刷
书　　号：	ISBN 978-7-5672-3266-2
定　　价：	32.00 元

凡购本社图书发现印装错误,请与本社联系调换。
服务热线:0512-67481020

前言 Preface

习近平总书记把中国梦的基本内涵界定为"国家富强、民族振兴、人民幸福",并指出,"中国共产党人的初心和使命,就是为中国人民谋幸福,为中华民族谋复兴"。他在北京大学师生座谈会上讲话时指出,"面对世界的深刻复杂变化,面对信息时代各种思潮的相互激荡,面对纷繁多变、鱼龙混杂、泥沙俱下的社会现象,面对学业、情感、职业选择等多方面的考量,一时有些疑惑、彷徨、失落,是正常的人生经历"。总书记要求当代大学生,"要树立正确的世界观、人生观、价值观,掌握了这把总钥匙,再来看看社会万象、人生历程,一切是非、正误、主次,一切真假、善恶、美丑,自然就洞若观火、清晰明了,自然就能做出正确判断、做出正确选择"。总书记的讲话为广大学生培养健康的心理素质和健全的人格指明了努力的方向。

近年来,各职业学校认真学习和实践科学发展观,努力贯彻落实党的十九大精神,落实习近平总书记重要讲话精神,准确认识心理健康教育在落实立德树人根本任务中的定位,坚持育人为本、德育为先,在服务和促进学生全面发展和健康成长这个中心使命下谋划工作,引导学生形成良好的职业素养,并在此基础上提高学生的心理素质,养成职校生的健全人格。

开展心理健康教育工作,不仅是深化德育工作的必然,也是主动适应市场,面向未来培养合格人才的重要举措。为了更好地规范和指导心理健康工作,全面提高学生的心理健康水平,经过一年的策划和编撰,《心理健康和职业素养》终于走进校园,摆上案头,与同学们亲密接触了。希望本教材能够有效地为同学解决心理困惑、维护心理及生命健康、提高心理素质等提供一些智慧和帮助。

在编写本书的过程中,努力体现以下几个特点。

一是内容体系完整。本书根据《学生心理健康教育课程教学基本要求》文件编写,内容丰富,结构完整。

二是案例可读性强。心事心语的案例多来自各职校学生心理案例和近年来各媒体对学生的报道,源于职校生生活,能够有效地提高职校生的阅读兴趣,同时可为职校生提供借鉴。

三是模式寓教于乐。本书方便教师采用多元的教学模式，可使用心理测试、心理剧扮演、拓展阅读、经典案例、心理游戏等多种教学方法，主要以团体辅导形式将职校生带入课堂，让职校生在活动中体验、学习心理知识。

四是语言通俗易懂。本书使用职校生熟悉的、喜好的语言，既可以作为教材，也可以作为学生的课外读物。

参加本书编写的人员有张萍、褚文化、江丽、柏英、俞红、杭艳、朱静霞、龚烨等，初稿完成后，由张萍同志负责统稿，并邀请教育行政部门的专家进行了审核。在编写过程中，编写组还得到了学校领导张文胜校长以及徐益清、徐明副校长的关心和支持，在此一并表示感谢。

本书在编写过程中参考了有关著作和研究成果，因篇幅所限，未能一一注明出处，谨向原作者表示歉意。另外，由于编者水平有限，加上时间仓促，书中难免有疏漏和不妥之处，敬请各位专家、同行及广大读者批评指正。

编 者

2020 年 5 月

目录 Contents

第一章　健康心理　人生基石

第一节　幸福人生　共享成长 / 2

第二节　千千心结　与君化解 / 9

第二章　悦纳自我　快乐成长

第一节　认识自我　悦纳自我 / 20

第二节　认识情绪　管理情绪 / 27

第三节　直面困难　战胜挫折 / 35

第三章　融洽人际　健康生活

第一节　学会交往　沟通你我 / 42

第二节　开心交友　融洽相处 / 49

第三节　尊敬师长　和谐校园 / 55

第四节　珍视亲情　学会感恩 / 65

第五节　呵护花季　激扬青春 / 74

第四章　珍爱生命　感悟人生

第一节　抵御诱惑　健康上网 / 88

第二节　自我保护　禁毒防艾 / 99

第三节　尊重生命　关爱生命 / 108

第五章　学会学习　终身学习

第一节　认识学习　高效学习　/ 119

第二节　注重实践　终身学习　/ 128

第六章　规划生涯　开创未来

第一节　走进职业　规划生涯　/ 140

第二节　积极准备　理性求职　/ 152

参考书目　/ 166

第一章
健康心理　人生基石

引　言

当回想过去的时候，
你是否感到无怨无悔
如果是，那么，你放下了
当面对现在的时候，
你是否感到平和宁静
如果是，那么，你接受了
当畅想未来的时候，
你是否感到激情澎湃
如果是，那么，你的人生
将充满希望

第一节　幸福人生　共享成长

【心事心语】

王东(化名)是某中职学校汽修专业的学生,前段时间女朋友跟他提出分手,王东因此情绪低落,不愿说话,精神恍惚,经常一个人发呆。他觉得自己活得很失败,连女朋友都看不起他,常常一个人站在宿舍窗户前说:"跳下去就一了百了了。"同宿舍同学将他的情况报告给了班主任,班主任了解情况后立即带王东到学校的心理咨询室找心理老师帮忙。一段时间后王东的情况仍没有好转,班主任通知王东的父母,希望他们能带王东去看专业的心理医生。王东的父母却认为儿子很健康,只是一时受到了打击,不存在什么心理问题,对学校老师的建议置之不理。

【心理课堂】

一、认识心理健康

1989年,联合国世界卫生组织(WHO)对健康做了新的定义,即"健康不仅是没有疾病,而且包括躯体健康、心理健康、社会适应良好和道德健康"。

由此可知,健康不仅仅是指躯体健康,还包括心理、社会适应、道德品质等,它们相互依存、相互促进、有机结合。只有人体在这几个方面同时健全,才算得上真正的健康。一般而言,心理健康是指个体的心理活动处于正常状态下,即认知正常,情感协调,意志健全,个性完整和适应良好,能够充分发挥自身的最大潜能,以适应生活、学习、工作和社会环境的发展与变化的需要。《简明不列颠百科全书》指出:心理健康是指个体在本身及环境许可的范围内所达到的最佳功能状态,但不是指十全十美的绝对状态。

我国学者刘华山认为:"心理健康应是指一种持续的心理状态,在这种状态下,个人具有生命的活力、积极的内心体验、良好的社会适应,能够有效地发挥个人的身心潜力与积极的社会功能。"

江光荣认为:"心理健康的人应是一个适应与发展良好的人,是一个心理机能健全的人。心理健康的人在与环境的互动中,其心理活动过程能够有效地反映现实,解决面临的问题,达到对环境的良好适应并且指向更高水平的发展。"

王登峰、崔红认为:"心理健康是个体在良好的生理状态基础上的自我和谐及与外部社会的和谐所表现出的个体的主观幸福感。"也就是说,心理健康应是个体的一种主观体验,是身心和谐的结果。主观幸福感是心理健康的最终表现,也是个体良好的生理状态以及个体的内部与外部和谐的结果。

关于心理健康,目前国内外尚没有公认的定义,并且随着社会文化的发展和时代的不同,心理健康的标准也在不断地发展和变化。但是大多数观点都强调个体的内部协调和外部适应,都把心理健康看作一种内外和谐的良好状态。

二、心理健康的标准

(一) 各种不同的心理健康标准

1. 国际心理卫生大会提出的心理健康的标志

1946年,第三届国际心理卫生大会曾为心理健康下过定义:"所谓心理健康,是指在身体、智能以及情感上与他人的心理不相矛盾的范围内,将个人心境发展成最佳状态。"并且具体地指明心理健康的标志是:

(1) 身体、智力、情绪十分调和。
(2) 适应环境,彼此能互相谦让。
(3) 有幸福感。
(4) 在工作和职业中,能充分发挥自己的能力,过有效率的生活。

2. 马斯洛和密特尔曼提出的心理健康的标准

美国心理学家马斯洛和密特尔曼提出了十条被认为是心理健康的经典标准:

(1) 有充分的自我安全感。
(2) 能充分了解自己,并能恰当评估自己的能力。
(3) 生活理想切合实际。
(4) 不脱离周围现实环境。
(5) 能保持人格的完整与和谐。
(6) 善于从经验中学习。
(7) 能保持良好的人际关系。
(8) 能适度地宣泄情绪和控制情绪。
(9) 在符合团体要求的前提下,能有限度地发挥个性。
(10) 在不违背社会规范的前提下,能适当地满足个人的基本需求。

3. 马建青提出的心理健康的标准

马建青主编的《心理卫生学》认为心理健康的标准为:

(1) 智力正常。

(2) 善于协调与控制情绪,心境良好。

(3) 具有较强的意志品质。

(4) 人际关系和谐。

(5) 能动地适应和改造现实环境。

(6) 保持人格的完整与健康。

(7) 心理行为符合年龄特征。

4. 郭念锋提出的评估心理健康水平的十个标准

中国心理卫生协会副理事长郭念锋在《临床心理学概论》一书中提出从以下十个方面评估心理健康水平。

(1) 心理活动强度:指对精神刺激的抵抗能力。

(2) 心理活动耐受力:指长期经受慢性精神刺激的能力。

(3) 周期节律性:指心理活动在形式和效率上的内在自然节律。

(4) 意识水平:指精神活动的专注水平,以注意力品质作为指标。

(5) 受暗示性:指一个人的思想和情绪是否容易受到他人或自我的影响。

(6) 康复能力:指从创伤刺激中恢复到往常水平的能力。

(7) 心理自控力:指对情绪表达、思维过程及行为方式的自我调控能力。

(8) 自信心:指正确的自我认知的能力。

(9) 社会交往:指正常社会接触、人际交往的能力。

(10) 环境适应能力:指面对变化的环境条件自我发展和完善的能力。

尽管心理学家提出了各种各样的心理健康的标准,但对一个学生来说,心理健康的标准不外乎是:能够认识和接纳自己,拥有乐观积极的情绪和良好的人际关系,能在学习和生活中发挥自己的能力。

(二) 悦纳自我

如果你有天使般的面孔,有过人的智慧,比周围的人身体更强健,比其他同学学习成绩更好,你的家庭经济条件良好,你可能很容易觉得自己不错,愿意接纳自己;但是,如果你相貌平平,学习新事物比别人慢,而且家境贫寒,你还喜欢自己吗?

要真正悦纳自己,并不是一件容易的事。当你能做到在任何情况下都会积极地看待自己,那么你的心理健康就有了基础。只有当你积极评价自我的时候,才能产生积极的情绪体验,带来幸福感,才不容易受到伤害,也才会更积极地评价他人,进而形成良好的人际关系。心理学研究发现,一个人越是能积极地评价和接纳自己,他的焦虑和抑郁水平越低,生活幸福感越高。

苏格拉底是古希腊著名哲学家,有人借他的外貌贬损他,说他长着金鱼眼、狮子鼻、厚嘴唇和大嘴巴。苏格拉底听了不但不生气,反而很高兴地说:"一般人眼睛深陷,只能向前看,而我可以左顾右盼;一般人鼻孔朝下,只能闻自下而上的气味,而我的嗅觉范围可以更大;另外,我的嘴巴比一般人的大,嘴唇比一般人的要厚,那么亲吻起来也比一般人要更丰润,也更有力。"

积极评价自己不等于虚荣。一个虚荣心很强的人是很容易受到伤害的,因为他缺乏的恰恰是应有的自信和自我接纳。设想,如果苏格拉底是一个讲虚荣的人,面对他人的贬损,他能够如此坦然地面对吗?

◆ **心理阅读**

自恋与自我悦纳

在生活中你可能见过这样的人:他们非常欣赏自己,觉得自己很了不起,其他人都不如自己。这些人很像古希腊神话故事中一名叫纳斯喀斯的俊美青年——他爱上了自己在水中的倒影,顾影自怜,最终化作了水仙花。我们可以用"自恋"来形容这样的人。自恋的人显然是爱自己的,但是他们真正接纳自我吗?心理学研究发现,自恋的人对自己的评价很积极,但是对其他人缺乏关怀和宽容;他们对即使善意的批评都很敏感,并容易发生攻击性行为。因此,自恋不是真正的自我悦纳。真正悦纳自己的人,在积极评价自己的同时,也会宽厚地对待他人。

(三)和谐的人际关系

我们不妨想象一下,假如这个世界上只有你一个人,你的生活将会怎样?你的心情将会怎样?

作为人,我们总是生活在与其他人的关系当中。这些人中有我们的父母、师长、同学、朋友,也有的是陌生人。他们中有人给了我们生命,有人传授我们知识,有人在我们遇到困难的时候为我们提供支持。任何一个人都不能离开其他人而独自生存。对人和动物的行为研究发现,没有群体合作,人类很难生存和繁衍。

但与别人交往,并不一定带给你幸福。与父母冲突频频,被同学排斥,没有好朋友……不良的人际关系往往带给我们苦恼,甚至阻碍我们的健康成长。人际关系是有好坏之分的。只有那些真正带给我们快乐和支持,帮助我们健康成长的,才是和谐的人际关系。

人际关系的好与坏,是反映一个人心理状态的镜子。心理健康的人,才可能拥有良好的人际关系,与他人共享成长的快乐。因此,人际关系良好是心理健康的一个重要标准。

(四)乐观积极的情绪

幸福是许多人毕生的追求。如果一个人拥有许多财富,但是他每天都担心别人会偷他的钱,每天都被焦虑、烦恼所困扰,你觉得他会幸福吗?钱买不来欢乐,钱少也能幸福。乐观积极的情绪,才是幸福中最重要的元素,是心理健康中不可缺少的部分。

健康的心理状态不是说没有一点消极情绪,而是指大多数时候我们表现出的是乐观积极的情绪。每个人不可能永远快乐,不可能每时每刻都快乐。当我们面对困难或压力时,会担心、失望、焦虑,这都是正常的情绪反应。如果我们一直沉溺在这样的情绪状态中,就会影响到心理健康了。因此,乐观积极的情绪,意味着我们善于调节自己的情绪,意味着在遇到困难和挫折时,能乐观豁达,不灰心、不放弃。

(五)积极进取,充实生活

你是否有过这样的想法:如果我可以不工作、不学习,想吃就吃,想玩就玩,那该多幸福呀!果真如此吗?

我现在坐在电脑前,写着关于心理健康的标准。这是我的工作。为了工作,我必须放弃和朋友聚会,放弃看电视、玩游戏,似乎并不"幸福"。但是,如果这本书能给你带去启迪和帮助,我会得到比吃喝玩乐更多的快乐和满足。每个人在社会上都扮演着不同的社会角色,如果我们可以在社会角色中发挥自己的能力,为社会创造价值,那么我们就会获得成就感和满足感,这就是幸福。一个工人能生产出高质量的产品,一名教师可以向学生传递知识,一个妈妈能培养自己的孩子健康成长,这些都是人生的乐趣,也都是心理健康的表现。

那么你的社会角色是什么呢?作为一名学生,乐于学习,能够在学习中获取知识和能力,感到自己在不断成长和发展。所以,在学习中发挥自己的能力,是学生心理健康的重要指标。悦纳自己,拥有乐观积极的情绪和良好的人际关系,并能在学习和生活中发挥自己的能力,这些就是心理健康的标准。

任何人都难以完全或同时达到上述所有标准。不过,正如前面所说,心理健康是一种状态,需要我们不断去关注和维护自己的心灵。

三、心理健康的自我维护

职校生应采取怎样的措施,维护自身的心理健康,促进心理不断走向成熟?一般来说,可以从以下五个方面进行努力。

(一)激发上进心,调适悲观心态

职校生在职校学习的阶段正是人一生中的黄金时期,一切刚刚呈现出勃勃生机,未来的美好生活正等着他们去开拓。但有的职校生学习目标不明确,对生活失去了应有的信心,丧失理想和信念,降低对自己的标准,不思进取,精神不振,对一切既感到茫然,又似乎把一切看透,始终处于一种消极的状态中。可以说,上进心是否强烈,是职校生心理是否成熟的一个显著标志。职校生应不断激发自己的上进心,在教师的指导下进一步明确自己的发展目标,努力创造美好的人生。

(二)增强自信心,调适自卑心态

自信能使不可能变成可能,而自卑则使可能变成不可能,使不可能变得毫无希望。每一位职校生要不断增强自信心,摆脱自卑的困扰,开拓出一片属于自己的明朗的天空。职校生要相信:天生我材必有用!我们每一个人都有长处,每一个人要多想想自己的优点,从容地面对自己的一切,该抬头走路时你就大大方方地走,该说出来的话你就不必遮遮掩掩,该大胆做的事你就不必羞羞答答。

(三)维护自尊心,调适虚荣心态

在维护自尊心的方式上,很多职校生是积极的,如努力提高自己的学习成绩,努力发展自己的特长,认真练好专业技能,不断拓宽自己的视野,等等。但也有相当多的职校生为了维护自尊,走向了极端,走进了虚荣的怪圈,不但没能维护自尊,反而使自己"死要面子活受罪"。心理健康的职校生维护自尊的方式必然是积极的,能够做到保持一颗平常心,勇于暴露自己的不足,充分认识到膨胀的虚荣心对自己的坏处,不断追求一个真实的、独特的、最好的自我。

(四)培养耐挫心,调适畏难心态

一帆风顺,万事如意,心想事成,这一句句美好的祝福语中,寄托了人们的良好愿望,但现实生活中每个人都会遇到这样那样的困难和挫折。每当这个时候,职校生要摒弃畏难心理,明知山有虎,偏向虎山行,明明有困难,主动去挑战。困难也罢,挫折也罢,一切都是暂时的,一切都是可以解决的,更多的是我们每个人不要自己吓倒自己。作为新时代的职校生,我们在遇到困难时要冷静思考,沉着应对,善于将困难和挫折转化为动力,发挥挫折的积极作用,在交往、情感、学习活动等各方面增强心理承受能力,才可能取得未来事业的成功。

(五)建立宽容心,调适自私心态

有些职校生常从个人情感出发考虑问题,主观片面性大;有些职校生行为固执、自以为是、自命不凡,听不得别人的意见;有些职校生对别人取得的优异成绩嗤之以鼻,在背后说风凉话,自己不向别人努力看齐;有些职校生过高地要求别人,总认为别人居心不良;等等。因此,职校生要培养宽容心,自觉地从自私、猜忌心理中走出来,至少要做到以下三点:一是要多看他人的长处,不能拿别人的短处与自己的长处比;二是不能陷入敌对心理中,要经常提醒自己;三是要学会忍耐,忍一时风平浪静,退一步海阔天空。

【趣味一测】

如果要画一只鸟和一个人的话,你会如何构图?
A. 一个人正看着笼中的鸟
B. 一个人正追着飞走的鸟
C. 一只鸟停留在一个人的肩上或手上
D. 一个人正向飞远的鸟招手
E. 一只鸟在上空飞行着,而这个人对这只鸟毫不在意

闭上眼睛,在脑海里幻想着这五种可能的构图,选出你最喜欢的。

诊断分析:鸟象征着"幸福",这个人就代表"你"。

(1) 选 A 的人:你的幸福其实已经近在眼前了,但是受到了一些阻碍,而让你迟迟无法如愿以偿。

(2) 选 B 的人:你现在正全力以赴为自己的幸福而努力,你急欲抓住自己的幸福,但又抓不住,所以正处于身心俱疲的状态中。其实"有舍才有得",如果你认为眼前的幸福并不是真正的幸福的话,可就要做个取舍喽!

(3) 选 C 的人:你现在正处于最幸福、最满足的状态中,每天都觉得很快乐,可能是你找到了自己的目标、最爱,因此觉得自己是世界上最幸福的人!

(4) 选 D 的人:这幅画的人物是不动的,只是向鸟招手而已,这样的你正等待幸福的来临,并且是以一种平常心来等待。人生中有许多机会是靠自己争取的,机会、幸福稍纵即逝,可千万大意不得哦!

(5) 选 E 的人:人和鸟之间似乎没什么衔接点,没什么关系,这表示你对幸福似乎没什么特别的感觉,现在的你相当淡然,或许你经过了一些事情而突然想开了,对人生有了另外的一番见解。

【健心活动】

辩论:身体健康重要还是心理健康重要

心理健康和身体健康有着密切的关系。我们通过精彩的辩论,能更深入地认识两者的关系。

目的:
(1) 掌握身体健康和心理健康的标准。
(2) 了解身体健康和心理健康的关系。

过程:
全班同学分正反两方。

正方——身体健康比心理健康更重要。

反方——心理健康比身体健康更重要。

建议辩论由立论、自由辩论和总结陈词三个部分组成。

第二节　千千心结　与君化解

【心事心语】

小安是某高职院校一年级的学生,自从入学以来情绪一直很低落。他觉得职业院校生活很单调,很没意思,但又觉得生活很紧张,学习跟不上。同学们也发现小安与众不同,干什么事情都独来独往,闷闷不乐,总将一些无关的小事与自己联系起来,认为别人都在故意整他、嘲弄他。刚开始时,同学们认为小安性格内向、孤僻,未加注意,后来发现小安还经常与同宿舍的同学说一些不可理喻的话,如"经常有人监视我""别人都合伙要害我"等。同时,他夜夜失眠,学习成绩也不断下降。

一次班会,辅导员讲到学校前几年有几个学生先后患上了精神疾病,多是由于学习跟不上,成绩差,人际关系紧张,与同学合不来,经常与同学闹别扭发生摩擦造成的,并告诫同学们不要忽视小事,有时小事会引出大问题,接着还介绍了那几个同学患病的具体情况。听完之后,小安越想越觉得自己的情况和那几个患病同学的情形相似,老担心自己会发疯,于是由老师陪同,寻求心理老师的帮助。

【心理课堂】

一、认识心理问题

心理问题是一个含义非常宽泛的概念,它包含了一系列从轻微到严重的心理或行为异常。就像人会生病一样,心理问题也并非部分人的"专利"。实际上,现实生活中的每个人都会"遭遇"一定的心理问题,只是程度不同。按照严重程度来区分,心理问题可以分为三类。

(一)心理困扰

心理困扰是程度最轻,也是最为普遍的一种心理问题,可谓人皆有之。俗话说:人生不如意事十之八九。既然有不如意,则必有苦辣酸咸。学习压力也好,人际纷争也罢,都会给我们的心理带来一定的影响。如果这种影响持续的时间不是很长,强度不是很大,就可称其为"心理困扰"。例如,考试前的紧张焦虑,失恋后的失意惆怅,面临毕业去向的困惑迷茫,等等。一般来说,心理困扰可以比较容易地通过个人的自我调整或适当的心理疏导得到化解。

(二)心理障碍

心理障碍是比心理困扰更严重一些的心理问题,它与心理困扰的主要区别有两点。一是心理障碍一般会导致个人不能维持正常的学习和生活,心理困扰则没有如此大的杀伤力。例如,在一场重要的考试来临之际,几乎每个人都有一定程度的焦虑,但这种普遍的心理困扰并不能在很大程度上影响我们每天的吃饭、上课、复习和睡眠,我们还是可以该做什么做什么。但是对于患心理障碍的人而言,对考试的恐惧、焦虑会使他吃不下、睡不着,也无法集中精力到学习上,可以说,生活有点"乱了套"。二是心理障碍很难通过自我调整及周围人的疏导而改变,需要寻求专业人士的帮助。

(三)精神疾病

精神疾病是心理问题中最严重的一类。无论是心理困扰还是心理障碍,都不会使人丧失对其本身精神状态的认识能力,日常生活虽在不同程度上受到影响,但也大多能独立应对。然而,患有严重精神疾病的人往往已经丧失了对自己精神状态的认识能力,不能应对日常生活,许多时候分不清什么是现实,什么是自己的臆想或虚幻。生活中,不少人认为精神疾病非常可怕,无法治愈。实际上,这种观念是错误的,精神疾病的治疗相比心理障碍的治疗的确更为困难,但并非不可治愈。

(四)心理问题的鉴别方法

判断一个人是否有心理困扰,特别是判断其是否患有某种心理障碍或精神疾病,实质上是一个心理评估与诊断的问题,需要专业人员,如临床心理学家、心理咨询师等,运用心理学和精神病学的理论、技术、方法和手段,根据严格的诊断标准,按照严格的程序去实施。

判断一个人是否有心理障碍或精神疾病,不能仅根据一些情绪或躯体现象就轻易做出判断,更不能简单地"对号入座",要正确使用鉴别方法。人们在遇到挫折时,出现一些情绪反应和躯体症状,本属于正常现象,可有些学生盲目地给自己"诊断"为某种心理障碍,如焦虑症、抑郁症、强迫症等。这种消极的暗示作用,有时会使情绪和躯体反应进一步加重,不利于自身的身心健康。

二、常见的心理问题

所谓心理疾病,是指一个人由于精神上的紧张、外界的干扰,而使自己在思想上、情感上和行为上发生了偏离社会生活规范轨道的现象。心理上和行为上偏离社会生活规范轨道的程度越厉害,心理疾病也就越严重。心理疾病大致可分为以下几类。

(一)应激反应和适应不良反应

1. 应激反应

应激反应是指对应激事件所产生的反应。应激事件是指对一般人来说都是相当危险或十分严重的事情,如亲人死亡、考试失败、家人分离、遭受挫折、意外打击、患不治之症、受辱、被盗、失火、天灾人祸、战争等皆为应激事件。

当这些突如其来的事件出现在每个人面前时,都会引起人们的应激反应,即引起人们心理和生理上的一系列反应,出现心理和行为异常。轻者表现为情绪紧张、神经过敏、惊慌失措、疲劳无力等;重者表现为抑郁、恐惧、焦虑、木僵、遗忘以及植物性神经功能紊乱(如心悸、多汗、厌食、恶心、尿急、颤抖等);更重者出现肢体麻痹、失明,甚至休克或死亡。

2. 适应不良反应

适应不良反应由各种精神刺激所引起,持续时间较长。在同样的情景刺激下有的人很快地适应,有的人慢慢地适应,有的人根本不能适应,造成适应不良。适应不良的表现和程度因人而异,有人以情绪障碍为主,表现为抑郁、悲痛、烦恼、焦虑、恐惧等;有人以行为障碍为主,表现为具有攻击性的反社会行为。

(二)轻度心理疾病——神经征

1. 概述

神经征又称神经官能征,是由大脑机能活动暂时性失调而引起的心理障碍或异常。其特征为持久的心理冲突。

(1)心理活动能力减弱:表现为注意力不集中,记忆力减退,学习和工作效率降低等。

(2)情绪失调:表现为情绪波动、烦躁、焦急、抑郁等。

(3)睡眠障碍:表现为失眠、噩梦、早醒等。

(4)有强迫性症状或疑病观念:有各种明显的躯体不适应感,有慢性疼痛、急性头疼、腰痛等症状,但检查不出器质性病变。

2. 病症

神经征具体包括以下六种病症。

(1)神经衰弱:表现为兴奋性增高、疲劳过程加速、自主神经功能障碍等。

(2)焦虑症:以焦虑情绪为主,并伴有明显的自主神经功能紊乱和运动性不安。

（3）癔症（歇斯底里）：此病起病急，可表现出多种多样的症状，有感觉和运动机制障碍，内脏器官的植物性神经机能失调以及心理异常等，常有抽搐、头痛、胸闷、心烦、委屈、肢体震颤、眨眼、摇头、面肌抽动或运动麻痹等多种不同反应。

（4）强迫性神经症：一种以强迫观念和强迫动作为主要表现的神经征。常出现的强迫观念有：强迫疑虑、强迫回忆、强迫苦思竭虑、强迫对立思想及强迫意向和动作。具体的强迫性神经症包括强迫意向、强迫洗手、强迫计算、强迫仪式动作等。

（5）恐怖症：是指对某些事物或特殊情境产生十分强烈的恐怖感。常有社交恐怖、旷野恐怖、动物恐怖及疾病恐怖。此外，还有不洁恐怖、黑暗恐怖和雷雨恐怖等。

（6）抑郁性神经症：表现为情绪低沉忧郁，整日闷闷不乐，自我谴责，睡眠质量差，缺乏食欲。通常在遭受精神刺激后发病，出现难以排解的抑郁心境，感觉生活没有乐趣，对前途失去希望，认为自己没有用处，还会有胸闷、乏力、疼痛等症状，严重时会出现轻生念头或行为。

（三）心身疾病

心身疾病也称为心身障碍，是指由心理和社会因素诱发的躯体功能紊乱或器质性损害。发病时既有躯体的异常，也有心理和行为的异常。例如，原发性高血压、冠心病、心律不齐、肠溃疡、支气管哮喘、甲亢、糖尿病、月经失调、阳痿、神经性皮炎、类风湿性关节炎等。

（四）大脑病患及躯体缺陷所表现的心理疾病

这类疾病有三种不同类型。

（1）大脑机能发育不全时所表现的心理异常，如智力落后、智力迟滞等。

（2）大脑器质性病变时出现的心理疾病，如脑震荡、脑挫伤、脑动脉硬化、中毒、病毒感染都可能造成脑器质性损害，从而产生智力障碍、遗忘症、人格异常等表现。

（3）盲、聋、哑、跛等躯体缺陷所引发的心理异常。

（五）重度心理疾病——精神病

精神病是指人的整个心理机能的瓦解，心理活动各方面的协调一致遭到严重损害，机体与周围环境的关系严重失调。精神病主要包括精神分裂症、躁狂抑郁症等。精神分裂症的特点是患者基本个性改变，并出现感知、思维、情感和行为的分裂。躁狂抑郁症以原发性情感情绪障碍为临床表现。躁狂发作期：言语明显增多，联想加快，观念飘忽，注意力不集中，情绪极端高涨，精力非常充沛，自我评价过高，行为轻率。抑郁发作期：言语明显减少，感知迟钝，联想困难，思维迟缓，情绪低落，甚至出现轻生念头。

◆ **心理阅读**

识别与关注抑郁症

1. 什么是抑郁症

抑郁症是一种常见的心理障碍,被称为"第一心理杀手",是以情绪低落且持续两周以上为主要症状的情感性精神障碍,并伴有其他临床情绪障碍,但没有任何可证实的器质性病变。

2. 抑郁症的主要表现

(1) 情绪低落。就是高兴不起来,总是忧愁伤感,甚至悲观绝望。青少年主要表现为莫名的急躁。轻者心情沉郁,注意力涣散,无精打采,肢体乏力,反应迟钝,不愿参加各种活动;重者终日饮泣,有无助或无望感;更重者则有负罪感,想自杀,常出现自我惩罚的行为。

(2) 思维迟缓。自觉脑子不好使,记不住事,思考问题困难,对自我评价极低,对未来感到悲观失望。说话十分缓慢,回答问题时间很长,习惯用一个词来回答。

(3) 运动抑制。言语、行动减少,不爱运动,浑身发懒。严重者可能不吃不动,生活不能自理,即使是日常工作也感到十分困难,患者常常想放弃所从事的工作。

(4) 睡眠障碍。大多数患者伴有一定程度的失眠现象,通常以入睡困难或者早醒为主要特征。

(5) 想自杀。很多患者脑子里反复想到死或自杀,甚至有自杀的行动。自杀是抑郁症最危险的症状。自杀人群中可能有一半以上是抑郁症患者。

(6) 躯体症状。抑郁症虽说是精神疾病,但很多病人都有身体不适,如头痛、背痛、肌肉痉挛、口干、便秘、食欲减退、消化不良、心悸、气短胸闷等症状。

抑郁症的表现多种多样,具备以上典型症状的患者并不多见。很多患者只具备其中的一点或两点,严重程度也因人而异。心情压抑、焦虑、兴趣丧失、精力不足、悲观失望、自我评价过低等都是抑郁症的常见症状,有时很难与一般的短时间的心情不好区分开来。

3. 抑郁症的治疗与调适

每个人都有抑郁情绪,若不及时调节,就可能患抑郁症。抑郁症会成为病人沉重的负担,并带来严重的精神、情感和身体煎熬,对家庭、工作和社会带来损害,最终还可能导致自杀。

抑郁症是每个人都可能患上的心理疾病。抑郁症不是人格缺陷,只是一种普通的疾病。如果你或你的亲人得了抑郁症,千万不要认为见不得人或低人一等,仿佛做了什么亏心事一般。抑郁症是可以通过药物治疗、生理治疗与行为调适等治好的,快乐也会重新回到你的身边。

抑郁症可分为轻度、中度和重度等,都需要寻求专业性的帮助。中度和重度患者最佳的治疗方法是心理咨询和药物治疗相结合。经常锻炼,做些有意义的事情,安排一些使人愉快的活动,都能帮助人们放松心情,减少紧张和焦虑。多交友、善交友,使自己不再孤独,也可以起到调适抑郁的作用。

三、心理问题的化解

生活中,我们常说:"小病上药店,大病去医院。"对于心理不适的应对,这句话同样适用。下面,我们就来谈谈遇到小问题时如何进行自助;自助不能奏效时,又应该向谁寻求帮助。

(一)自我调适

自我调适的方法很多,但最基本的是要了解相关的心理学知识,在此基础之上掌握一定的技巧。

1. 了解相关心理学知识

这是我们更好地把握自己的心理健康状况,与心理问题进行对抗的第一步。当然我们不可能也无必要都成为心理专家,但学习一点心理学基本知识,不仅是生活在现代社会的人们所必备的基本素养,也能帮助我们了解自我,提升生活质量。

当出现心理困扰时,你不妨试着查找一些心理学资料,看看对你是否有帮助。你可以用多种方式获取心理学知识,如上网搜索,到图书馆或书店找找相关书籍,拨打心理求助电话进行咨询,等等。

2. 掌握一定的调适技巧

(1) 情绪放松技巧。

情绪紧张、焦虑是许多心理问题的共同特征,许多时候,情绪得到调整,问题也就迎刃而解了。有许多种技巧都被证明对于缓解紧张情绪是非常有效的。具体方法请参见第二章"第二节 认识情绪 管理情绪"。这些方法非常简单易学,试试看,你一定会体验到改变!

(2) 在兴趣爱好中改变心情。

提起兴趣,我们都知道一句名言,"兴趣是最好的老师"。的确,浓厚的兴趣可以让我们的学习更加轻松,效果也更加理想。其实,兴趣的作用并不止于对学习的积极影响,只是它的另一种功效往往被人们忽略了,那就是帮助我们调整身心,改变心情。例如,著名作家池莉说:"我多年的一个习惯就是一旦遭遇艰难困苦,就会一头扎进书堆,胡乱地、大量地翻阅,多少都会给我以拯救。"

池莉爱好读书,阅读帮助她摆脱烦恼、重拾好心情。你的方式可能是运动,出一身大汗痛快淋漓;可能是弹弹琴、唱唱歌,让音乐读懂你的思绪;可能是来一次郊游,在大自然中放松身心……总之,找一件你乐于做、让你感到快乐的事情去做吧,它会带给你好心情!

(3)顺其自然,为所当为。

这里大家可要区分"顺其自然"和"任其自然"。"顺其自然"并非"任其自然",它并不排斥对心理问题的关注,而是说对于某些心理问题,过度的关注反而不利于健康的恢复。如果适度淡化对问题的关注,不急于着手解决它,而是承认问题的存在,在自知问题存在的情况下"为所当为",也就是该做什么做什么,问题可能就在不知不觉间自然消解了。

3. 找家人、朋友或老师谈谈心

有了烦恼,找个人倾诉一下,这是最为广泛的一种应对问题的办法,而且这种应对办法是很有效的。一方面,对信赖的人倾诉自己的烦恼,这过程本身就是一种很好的调节,因为它让我们的负面情绪得到了宣泄;另一方面,或许他们能给自己出出好点子呢。

心理学研究表明,社会支持系统对于心理调适非常重要,这个社会支持系统包括亲密朋友、良好的师生关系和亲子关系等。他们不但能分享我们的快乐、分担我们的烦恼,还能给我们所需要的支持。

(二)寻求帮助

如果自我调适不能很好地解决问题,你可以去寻求专业人士的帮助,具体而言,就是进行心理咨询或心理治疗。

1. 心理咨询

相信你对"心理咨询"这个词并不陌生,它在我们的生活中经常被提及,心理医生的角色也常出现在各种小说和影片之中。你对心理咨询真正了解多少呢?看看下面的内容吧,或许你会有新的发现。

(1)心理咨询以谈话为主要方式。

看到这个标题,或许你有些不以为意:"啊,心理咨询不过就是聊天呀!这有什么呢,我和同学、爸爸、妈妈聊聊不也一样吗?"我们要纠正一下这种想法,心理咨询注重"谈话",但谈话绝非"聊天"!聊天时你可以海阔天空,嘻嘻哈哈,谈话可不这样随意和轻松。在心理咨询的谈话中,心理咨询师会引导前来咨询的人放下顾虑和包袱,吐露自己的各种问题,他们会运用自己的专业知识和技术,帮助来访者。解决问题的过程一般也是在谈话过程中实现的。

其实你不必等到问题已经有些严重的时候,再去寻求心理咨询师的帮助。目前,有越来越多的人通过寻求心理专业人士的帮助,更好地获得自我认识和个人成长。

(2) 心理咨询强调对来访者的尊重和理解。

"什么是来访者?"实际上,来访者是心理咨询中对前来咨询者的特定称呼。之所以称呼"来访者",而不是"患者",体现了心理咨询最基本的理念之一——尊重来访者,不把来访者看作"病人",而是生活中暂时出现了问题,前来寻求咨询和帮助的客人、访者;就像主人和客人之间是完全平等的关系一样,心理咨询师和来访者之间也是平等的。

理解来访者、从来访者的角度考虑问题、切实体会来访者的感受也是心理咨询的基本特点之一。在心理咨询时,来访者不用担心心理咨询师会嘲笑、轻视自己,用心去理解和体验来访者的内心世界是一名合格的心理咨询师的基本素质。

(3) 心理咨询助人自助。

或许出乎你的意料之外,心理咨询师并不会"告诉"来访者怎么做,而是要引导来访者认识自己,发掘潜能,建立自己对生活做出决策的勇气和信心。心理咨询的开山鼻祖,美国著名人本主义心理学家罗杰斯是一个坚定地相信每个人自身潜能和力量的人。在谈到他的这一信念时,罗杰斯写道:

我记得那是我童年的时候,我家地下室有一个冬季储存土豆的大箱子,放在小窗户下面几英尺的地方。那种条件对于土豆生出芽是很不利的。但那些苍白的芽子却努力地向着窗户有光的地方窜,一直长到两三英尺……那是趋光性本能的拼死表现……在面对那些生活已经扭曲的来访者时,我常常想起那些土豆芽……那时我理解他们的线索,他们在努力,以他们仅有的方法求得生长和改变……那是他们付出的拼死努力。

相信每个来访者自身的力量,帮助他们自助,是心理咨询的最终目标。

2. 心理治疗

日常生活中,心理治疗也常被提及,而且是和心理咨询混用的。但是在心理学上,这两者的含义是有区别的。

(1) 心理治疗应对的问题相对较严重。

心理咨询的主要对象是正常、有轻度心理问题的人,或正在走向康复的人;而心理治疗的对象是有心理障碍或精神疾病的人。例如,一个近来常感到情绪低落,期望重拾快乐心情的人可以走进心理咨询室寻求帮助;但对于一个已被严重的抑郁、悲观情绪困扰数个月的抑郁症患者,就必须要进行心理治疗了。

(2) 心理治疗所采用的方法更为多样。

心理咨询以谈话为主要方式,而心理治疗在面谈方法之外,还使用艺术治疗、音乐治疗、催眠疗法等多种手段,必要时还要配合药物治疗。

(3) 心理治疗的时间相对更长。

无论是心理咨询还是心理治疗,都很难确定所需要的时间。一般而言,在心理咨询领域,很多时候一次或者几次的接触就可以使困扰来访者的问题有所改观。但是心理治疗会是一个长期的过程,即使是简短的心理治疗,一般也需要10~12个疗程。

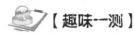【趣味一测】

生活在现实社会中的人们,在一定程度上都可能会产生心理问题,根据程度的不同可划分为心理困扰、心理障碍和精神疾病。请你辨别下述案例分别属于何种心理问题。

1. 小李一直认为自己很聪明,最崇拜的人是比尔·盖茨,一心想着今后考上一所名牌大学的计算机系,毕业后自己创业。但由于沉迷网络游戏,他高考失利,没有如愿考上心仪的大学,而是被某高职院校录取。为此,他整整一个暑假都郁郁寡欢,觉得自己的美好前途全都毁了。

2. 小柳是某高职院校三年级的学生,他认为自己是个怪人,有个害羞的怪毛病。两年多来,他从不敢在公开场合讲话,与人讲话时也不敢正视对方,像做了亏心事似的,一说话脸就发烧,心怦怦直跳,全身都会起鸡皮疙瘩,总觉得别人讨厌自己。

3. 某校一名女生因为晚上约会回来很迟,寝室的同学没给她开门,第二天她就将两公升汽油倒在寝室地板上点燃,酿成重大火灾……

第一种属于_____,主要表现有_____。
第二种属于_____,主要表现有_____。
第三种属于_____,主要表现有_____。

【健心活动】

突破困境

每个人在生活中都会遭遇困境,困境并不可怕,让我们携起手来,将它们各个击破!

目的:
协助个人了解当前困扰自己的主要问题,并尝试找出解决的方法。

过程:
- 分组,每组5~7人。

- 每人拿出一张空白的大纸,依次画四幅画,每幅画的主题依次为:(1)我此刻的心情;(2)我目前最大的困扰;(3)我的解决之道;(4)问题解决之后的生活。
- 分小组进行讨论。

心理健康操

目的:

改善青春期学生心理健康状态,减轻心理压力。

过程:

(1)自然站立或自然坐在座位上,两脚分开,与肩同宽,全身放松,面带微笑。

(2)双手抬起,与腰部同高,双手掌相对,手指略微弯曲。

(3)双手除拇指外,其余四个手指的第二关节屈成约90°,同时心中默念"健"字。

(4)双手除拇指外,其余四个手指的最前端屈成约90°,同时心中默念"美"字。

(5)双手除拇指外,其余四个手指迅速张开,再迅速握拳,再迅速张开。在张开、握拳、张开过程中,心中默念"幸"字。

(6)双手除拇指外,其余四个手指紧握拳,心中默念"福"字。念完后,双手迅速向前推5~10厘米。

规则:姿势动作与内心体验保持一致。

第二章
悦纳自我　快乐成长

引　言

在古希腊德尔菲神庙的阿波罗神殿前的柱子上镌刻着这样一个神谕——"人啊！认识你自己。"苏格拉底特别爱用这句话来教育他的学生。而人最难认识的就是自己。所以那些能够充分认识自我，能对自己进行客观评价的人一定是了不起的人，他们能够全面地认识自我，既了解自己的优点和长处，也了解自己的缺点和短处，不会因为自己的长处而自以为是，也不会因为自己的不足而妄自菲薄，而是坦然地接纳自我，扬长避短，发挥自我的潜力和优势，让那个独一无二的我绽放自己的光芒。

古希腊德尔菲神庙的阿波罗神殿前的柱子上镌刻了一句震撼人类灵魂的名言：

人啊，认识你自己！

第一节　认识自我　悦纳自我

【心事心语】

石头的价值

有一个生长在孤儿院中的小男孩,常常悲观地问院长:像我这样没人要的孩子,活着究竟有什么意思呢?院长总是笑而不答。

有一天,院长交给小孩一块石头,说:"明天早上,你拿这块石头到市场上去卖,但是不能真卖,记住,无论别人出多少价钱,绝对不能卖。"第二天,男孩拿着石头蹲在市场的角落,意外地发现不少人对自己的石头很感兴趣,而且价钱越出越高。回到院里,男孩兴奋地向院长汇报,院长笑笑,让他明天拿到黄金市场去卖。在黄金市场上,有人出比昨天高出十倍的价钱来买这块石头。最后,院长叫孩子把石头拿到珠宝市场上去展示,结果,石头的身价又涨了十倍,更由于男孩怎么也不卖,石头竟被传为"稀世珍宝"。

男孩兴冲冲地捧着石头,回到孤儿院,把这一切告诉院长,问他为什么会是这样?院长没有笑,望着孩子慢慢地说道,生命的价值就像这块石头一样,在不同的环境下就会有不同的意义。一块不起眼的石头,由于你的惜售而提升了它的价值,竟被传为稀世珍宝,你不就像这块石头吗?只要你自己看重自己,自我珍惜,生命就有意义,就有价值!

社会心理学家调查了来自世界各地的数万人,发现虽然95%的人都认为自己拥有自我认知和觉察能力,但实际上真正展示出了自我认知能力的人不到15%。就像那句著名的诗句"不识庐山真面目,只缘身在此山中",人们往往会对身处其中或拥有的东西难以正确认识,中国心理学家把这种现象称为"苏东坡效应"。

"苏东坡效应"包含以下几种情况。

(1) 不屑认知型。"我自己什么样,我还不清楚吗?"事实上,对自己的认知只是一知半解,对自己的优点和特长,需要成长的地方,各方面的能力到底如何并不清楚。

(2) 片面认知型。包含两种情况:

① 非常自信,高估自己,低估他人,自高自大。

② 认为自己没本事,不思进取,被动过一生。

③ 随意认知型。人命天定,顺其自然,随遇而安,不愿意发挥自己的优势和主动性,混沌而过。

 【心理课堂】

一、自我意识

(一) 自我意识(自我认知)

自我意识是个体对自己存在的觉察,包括对自己的行为和心理状态的认知。

(二) 自我意识的三个发展阶段

1. 生理自我

生理自我是指对自己身体和生理状况的认识与评价,包括躯体、性别、体重、容貌、年龄、性别等。0~3岁是一个人发展生理自我的重要阶段,如果在这个阶段对自己的身体有良好的觉察和接纳,同时得到充分的爱护、尊重和满足,那么成年后的自信度和安全感、自我效能、自我照顾的能力就会很足。相反,3岁前对自己身体的探索被阻断,长大后会出现各种各样的困扰。

2. 社会自我

社会自我是指个体对自己社会属性的认识,如自己在各种社会关系中的角色、地位和权力。社会自我是从他人的看法和评价、自己与外界的互动中而得来的。三岁到十三四岁之间是一个人发展社会自我的阶段,他们在成长过程中知道哪些行为是被社会认可的,哪些行为是会被批评的,开始交朋友,遵守规则,在意自己在别人眼中的形象,在意自己在团队中扮演的角色。社会自我发展良好的人,会针对不同社会角色表现出相应的责任感。

3. 心理自我

心理自我是指个体对自己的心理活动状态的认识和评价,包括自己的性格、气质、情绪、能力、兴趣、爱好、理想等。心理自我从青春期开始发展,直至成年后还会不断发展。

生理自我、社会自我和心理自我是一个由低到高的发展序列,同时又相互紧密联系。

二、气质类型

(一) 气质的定义

气质是指心理活动的动力特征,包括强度、速度、稳定性、灵活性等方面,也即我们说的脾气、秉性。

(二)气质的四种类型

1. 胆汁质(冲动型)

神经活动强而不均衡型。这种气质的人兴奋性很高,脾气暴躁,性情直率,精力旺盛,能以很高的热情埋头事业,兴奋时决心克服一切困难,精力耗尽时情绪又一落千丈。

2. 多血质(活泼型)

神经活动强而均衡的灵活型。这种气质的人热情,有能力,适应性强,喜欢交际,精神愉快,机智灵活,注意力易转移,情绪易改变,办事重兴趣,富于幻想,不愿做耐心细致的工作。

3. 黏液质(安静型)

神经活动弱而均衡的安静型。这种气质的人安静稳重,善于克制忍让,生活有规律,不为无关事情分心,埋头苦干,有耐久力,态度持重,不卑不亢,不爱空谈,严肃认真;但不够灵活,注意力不易转移,因循守旧,对事业缺乏热情。

4. 抑郁质(抑制型)

神经活动弱而不均衡型,属于呆板而羞涩的类型。兴奋和抑郁过程都弱。这种气质的人沉静、深沉、易相处、人缘好、办事稳妥可靠、做事坚定、能克服困难,但比较敏感、易受挫折、孤僻、寡断、疲劳不容易消除、反应缓慢、不思进取。

(三)气质与职业选择

(1)胆汁质的人择业时,主动性强,具有竞争意识,通常倾向于选择且适合于竞争激烈、冒险性和风险性强的职业或社会服务型的职业,如运动员、改革者、政治家、探险者等。

(2)多血质的人择业时积极主动,热情大方,善于推销自己,适应性强,很受用人单位的欢迎。通常适合于出头露面、交际方面的职业,如记者、律师、公关人员、艺术工作者。

(3)黏液质的人择业时,沉着冷静,目标明确后,具有执着追求、坚持不懈的韧性,一般适合于医务、图书管理、情报翻译、教员等工作。

(4)抑郁质的人择业时,思虑周密,有步骤,有计划,一般较适合从事理论研究工作等。

气质是与生俱来的,是人的生物属性,气质类型本身并无好坏之分,每一种气质类型都有积极和消极两方面,在这种情况下可能具有积极的意义,而在另一种情况下可能具有消极的意义。如胆汁质的人可成为积极、热情的人,也可发展为任性、粗暴、易发脾气的人。多血质的人情感丰富,工作能力强,易适应新的环境,但注意力不够集中,兴趣容易转移,无恒心,等等。抑郁质的人工作中耐受能力差,容易感到疲劳,但感情比较细腻,做事审慎小心,观察力敏锐,善于觉察到别人不易察觉的细小事物。气质也不能决定一个人活动的社会价值和成就的高低。据研究,俄国的四位著名作家就是四种气质类型的代表,赫尔岑具有多血质的特征,普希金具有明显的胆汁质特征,克雷洛夫属于黏液质,而果戈理则属于抑郁质。他们的气质类型虽各不相同,但并不影响他们同样在文学上取得杰出的成就。每个人需要了解自己的气质类型,从而更好地了解自身的优缺点,做到扬长避短。

【趣味一测】

气质类型测试

本测试题共60道题目,回答这些问题时应实事求是,怎么样想就怎么样回答,不必多做考虑,因为并没有什么标准答案和好坏之分。看清题目后请赋分,认为最符合自己情况的,记2分;比较符合的,记1分;介于符合与不符合之间的,记0分;比较不符合的,记-1分;完全不符合的,记-2分。

1. 做事力求稳妥,不做无把握的事。   (   )
2. 遇到可气的事就怒不可遏,想把心里话说出来才痛快。   (   )
3. 宁可一个人做事,不愿很多人在一起。   (   )
4. 到一个新环境很快就能适应。   (   )
5. 厌恶那些强烈的刺激,如尖叫、噪声、危险镜头等。   (   )
6. 和人争吵时,总是先发制人,喜欢挑衅。   (   )
7. 喜欢安静的环境。   (   )
8. 喜欢和人交往。   (   )
9. 羡慕那些善于克制自己感情的人。   (   )
10. 生活有规律,很少违反作息时间。   (   )
11. 在多数情况下情绪是乐观的。   (   )
12. 碰到陌生人觉得很拘束。   (   )
13. 遇到令人气愤的事,能很好地克制自己。   (   )
14. 做事总是有旺盛的精力。   (   )
15. 遇到问题常常举棋不定,优柔寡断。   (   )
16. 在人群中从不觉得过分拘束。   (   )
17. 情绪高昂时,觉得干什么都有趣;情绪低落时,觉得干什么都没有意思。   (   )
18. 当注意力集中于一事物时,别的事物就很难使我分心。   (   )

19. 理解问题总比别人快。 (   )
20. 遇到不顺心的事从不向他人说。 (   )
21. 记忆能力强。 (   )
22. 能够长时间做枯燥、单调的事。 (   )
23. 符合兴趣的事,干起来劲头十足;否则就不想干。 (   )
24. 一点小事就能引起情绪波动。 (   )
25. 讨厌做那种需要耐心、细致的工作。 (   )
26. 与人交往不卑不亢。 (   )
27. 喜欢参加热烈的活动。 (   )
28. 爱看感情细腻、描写人物内心活动的文学作品。 (   )
29. 学习、工作时间长了,常感到厌倦。 (   )
30. 不喜欢长时间谈论一个话题,愿意实际动手干。 (   )
31. 宁愿侃侃而谈,不愿窃窃私语。 (   )
32. 别人说我总是闷闷不乐。 (   )
33. 理解问题时常比别人慢些。 (   )
34. 疲倦时只要短暂地休息就能精神抖擞,重新投入工作。 (   )
35. 心里有事,宁愿自己想,不愿说出来。 (   )
36. 认准一个目标就希望尽快实现,不达目的,誓不罢休。 (   )
37. 同样和别人学习、工作一段时间后,常比别人更疲倦。 (   )
38. 做事有些莽撞,常常不考虑后果。 (   )
39. 别人讲授新知识、新技术时,总是希望他讲慢些,多重复。 (   )
40. 能够很快忘记那些不愉快的事情。 (   )
41. 做作业或完成一件工作时总比别人花费的时间多。 (   )
42. 喜欢运动量大的剧烈活动,或参加各种文体活动。 (   )
43. 不能很快地把注意力从一件事转移到另一件事上去。 (   )
44. 接受一个任务后,就希望迅速解决它。 (   )
45. 认为墨守成规要比冒风险强些。 (   )
46. 能够同时注意几件事物。 (   )
47. 当我烦闷的时候,别人很难使我高兴。 (   )
48. 爱看情节起伏跌宕、激动人心的小说。 (   )
49. 对工作抱认真谨慎、始终如一的态度。 (   )
50. 和周围人们的关系总是相处不好。 (   )
51. 喜欢复习学过的知识,重复做已经掌握的工作。 (   )
52. 喜欢做变化大、花样多的工作。 (   )

53. 小时候会背的诗歌,我似乎比别人记得清楚。　　　　　(　　)
54. 别人说我"出语伤人",可我并不觉得这样。　　　　　(　　)
55. 在学习、生活中,常因反应慢而落后。　　　　　　　(　　)
56. 反应敏捷,大脑机智。　　　　　　　　　　　　　　(　　)
57. 喜欢做有条理而不甚麻烦的工作。　　　　　　　　　(　　)
58. 兴奋的事情常使我失眠。　　　　　　　　　　　　　(　　)
59. 别人讲新概念,我常常听不懂,但是弄懂以后就很难忘记。(　　)
60. 假如工作枯燥无味,马上就会情绪低落。　　　　　　(　　)

胆汁质气质类型题号:2 6 9 14 17 21 27 31 36 38 42 48 50 54 58
多血质气质类型题号:4 8 11 16 19 23 25 29 34 40 44 46 52 56 60
黏液质气质类型题号:1 7 10 13 18 22 26 30 33 39 43 45 49 55 57
抑郁质气质类型题号:3 5 12 15 20 24 28 32 35 37 41 47 51 53 59

看每种气质类型的总分数。如果某人某种气质类型的得分均高于其他三种气质类型的得分4分,则可判定他(她)为该气质类型的人。此外,该气质类型的得分超过20分,则为典型型;如果得分在10~20分之间,为一般型。若两种气质类型的得分差异小于3分,又明显高于其他两种气质类型的得分达4分以上,可判定他(她)为两种类型的混合型;同样地,如果三种气质类型的得分高于第四种气质类型的得分,而且很接近,则判定他(她)为三种气质类型的混合型。

疤痕实验

在一次心理科学实验活动中,心理学家们征集了10位志愿者,请他们参加一个名为"疤痕实验"的心理研究活动。10名志愿者被分别安排在10个没有任何镜子的房间里,并被详细告知了此次研究的方法:他们将通过以假乱真的化妆,变成一个面部有疤痕的丑陋的人,然后在指定的地方观察和感受不同的陌生人对自己产生怎样的反应。心理学家们请电影化妆师在每位志愿者左脸颊上精心地涂抹上逼真的鲜血和令人生厌的疤痕,然后让每位志愿者用随身携带的小镜子看到自己脸上的疤痕。当志愿者们在心中记下自己可怕的"尊容"后,心理学家们收走了镜子。之后,心理学家们告诉每一位志愿者,为了让疤痕更逼真、更持久,他们需要在疤痕上再涂抹一些粉末。事实上,心理学家们并没有在疤痕上涂抹任何粉末,而是用湿棉纱把化妆出来的假疤痕和血迹彻底擦干净了。然而,每一位志愿者却依然相信,在自己的脸上有一大块望而生厌的疤痕。

志愿者们被分别带到了各大医院的候诊室,装扮成急切等待医生治疗面部疤痕的患者。候诊室里,人来人往,全都是素昧平生的陌生人,志愿者们在这里可以充分观察和感受人们的种种反应。实验结束后,志愿者们各自向心理学家陈述了感受。他们的感受出奇地一致。志愿者A说:"候诊室里那个胖女人最讨厌,一进门就对我露出鄙夷的目光。她都没看看她自己,那么胖,那么丑!"志愿者B说:"现在的人真是缺乏同情心。本来有一个中年男子和我坐在同一个沙发上的,没一会,他就赶紧拍屁股走开了。我脸上不就是有一块疤吗?至于像躲避瘟神一样躲着我吗?这样的人可恶得很!"志愿者C说:"我见到的陌生人中,有两个年轻女人给我的印象特别深。她们穿着非常讲究,像是有知识、有修养的白领,但我发现,她俩一直在私下嘲笑我!如果换成两个小伙子,我一定将他们痛揍一顿!"志愿者们滔滔不绝,义愤填膺地诉说了诸多令自己愤慨的感受。他们普遍认为,众多的陌生人对面目可憎的自己都非常厌恶、缺乏善意,而且眼睛总是很无礼地盯着自己的疤痕。这一实验结果使得早有准备的心理学家们吃惊不小:人们关于自身错误的、片面的认识,竟然如此深刻地影响和改变他们对外界的感知。如我们所知,他们的脸上是干干净净的,没有丝毫的疤痕。之所以产生这样的感受,是因为他们将"疤痕"牢牢地装在了心里。正是由于心中的"疤痕"在频频作怪,他们的言行、对陌生人的感受与以往大为迥异。

事实上,我们每个人心中,纵然没有心理学家为我们设置的"疤痕",但或多或少都会有一些这样或那样的"疤痕"。可怕的是,这些"疤痕"都会通过自己对外界和他人的言行,毫无遮掩地展现出来。如果我们认为自己不够可爱甚至令人生厌、认为自己卑微无用、认定自己有某种缺陷……那么,我们在与外界交往中,一定会在不知不觉间用我们的言行反复进行佐证,直到让每个人都认定我们确实就是那样的一个人。

这个心理实验真切地告诉我们:一个健康、积极的心态对人生何其重要。

【健心活动】

1. 你从《石头的价值》这个小故事中得到什么启示?
2. "我是谁?"请在三分钟内迅速地写出以"我"开头的句子。

要求:无须讨论,安静地独自完成,尽可能详细地写,充分展示自己。

我是_____。

3. 请找出匹配的内容。

(1) 生理自我(　　)
(2) 社会自我(　　)
(3) 心理自我(　　)

A. 我胖嘟嘟的　　　　B. 我皮肤比较黑　　　　C. 我是个吃货

D. 我是职校生	E. 我比较内向	F. 我喜欢打篮球
G. 我是班长	H. 我喜欢听音乐	I. 我是女生

4. 结合自己的气质类型，谈谈你准备如何在实际生活中扬长避短？

5. 结合自己的气质类型，为自己未来的职业选择确定一个大致的方向。

第二节　认识情绪　管理情绪

【心事心语】

某公司董事长平时很少上班迟到。但也有例外，有一次，他早餐时看报看得太入迷以致忘了时间，为了不迟到，他在公路上超速驾驶，结果被警察开了罚单，最后还是误了时间。

在愤怒之极下，董事长回到办公室时，看到销售报表不佳的数据，将销售经理叫到办公室训斥一番。销售经理挨训之后，气急败坏地将秘书叫到自己的办公室并对他挑剔一番。

秘书无缘无故被人挑剔，自然是一肚子气，就故意找接线员的茬。接线员无可奈何垂头丧气地回到家，对着自己的儿子大发雷霆。儿子莫名其妙地被母亲痛斥之后，也很恼火，便将自己家里的猫狠狠地踢了一脚。

【心理课堂】

一、认识情绪

（一）什么是情绪

情绪是指人对环境中的客观事物是否符合个人需要而产生的态度体验及相应的行为反应。简单来说，情绪就是你身体内部感受的信号器。什么是信号的感受器呢？打个比方就是，当有好事发生在你身上时，你的心里就会感觉开心，你的情绪就会乐观、高昂；当不幸发生在你身上时，你的心里就会感到糟糕，你的情绪就会变得悲观和失落。

（二）情绪的构成要素

1. 主观体验

人的不同情绪状态必然会反映在人的知觉上，从而形成人的不同的内心感受和体验。

2. 生理唤醒

任何情绪都伴随着一系列的生理变化，即生理唤醒状态，它是一种生理的激活水平。人在不同的情绪状态下，心律、血压、呼吸乃至人的内分泌、消化系统等都会发生相应的变化。人在焦虑状态下，会呼吸急促、心跳加快；而在愤怒状态下，则会面红耳赤。

3. 外在表现

情绪也会直接反映到人的表情、语态和行为动作中。情绪的表现形式分为面部表情、声音表情和动作表情。

主观体验、生理唤醒和外在表现作为情绪的三个构成要素，在评定情绪时缺一不可，只有三者同时活动、同时存在，才能构成一个完整的情绪体验过程。比如，当一个人假装愤怒时，他只有愤怒的外在表现，却没有真正的主观体验和生理唤醒，因而也就称不上真正的情绪过程。

（三）情绪的作用

1. 情绪能激发你的行为

当某种特定情绪被激发后，人的身体会变得十分灵敏，充满警觉性。比如，当你特别害怕时，你的腿会不由自主地发抖；当你非常伤心时，你会自然而然地掉眼泪；等等。这些都是人的情绪被激发后所产生的情绪行为，它们都有一个共同的特征，那就是先于人的思考，由情绪直接激发而产生。

2. 情绪能为你提供重要信息

情绪可以告诉你目前最真实的事态状况。比如，如果你情不自禁地感到害怕，那么证明你正处于一种危险境地；如果失去了某样东西，你感到很悲伤难过，则说明这样东西对你很重要。这些就是情绪给你提供的重要的信息。

3. 情绪能激励人心

中国有句古话，叫作"知耻而后勇"，意思是说，当一个人发现自己不如别人时，就会产生一种羞耻感，而这种羞耻感又会激发他内心的拼搏决心，让他变得英勇无畏起来。这就是情绪的激励作用，这种激励作用会间接地督促我们克服困难，达成自己的目标。

4. 情绪能帮助我们更好地沟通

情绪是一种内心的主观感受，通常情况下，你的情绪只有你自己知道。但很多时候，为了能更好地沟通，我们希望他人能够感受我们的情绪，读懂我们的内心，从而做到理解和尊重我们。

（四）情绪的种类

按生物进化的角度，情绪分为基本情绪和复合情绪。

基本情绪是与生俱来的，不需要后天学习，是人与动物共有的。基本情绪可分为喜、怒、哀、惧。每一种情绪都有其独立的神经生理机制、内部体验、外在表现和不同的适应功能。

复合情绪是由两种以上的基本情绪按不同程度比例组合而成的。比如，恐惧与期待混合在一起就会产生焦虑情绪，愤怒、厌恶和轻蔑则可以组合出敌意的情绪。

按功效，情绪可以分为正性情绪和负性情绪。正性情绪是指积极的、对人心理产生健康影响的情绪状态。负性情绪是指那些不愉快甚至引发人痛苦、愤怒的情绪体验。

正性情绪指愉快而平稳的情绪，能使人的大脑处于最佳活动状态，保证体内各器官系统的活动协调一致，从而使个体食欲旺盛、睡眠安稳、精力充沛，充分发挥机体的潜能，提高脑力和体力劳动的效率和持久力。愉快的情绪还能使整个机体的免疫系统和体内化学物质处于平衡的状态，从而增加对疾病的抵抗力。

适度的负性情绪在我们生活中是非常必要的，比如当人们处于危险的境地时，恐惧的情绪反应能促使人更快地脱离危险，保障生存安全。但是，过于强烈和持久的消极情绪对人的健康和社会适应有害，它能抑制大脑皮层的高级心智活动，如推理、辨别等将受到限制，使认识范围缩小，不能正确评价活动的意义及后果，自制力降低，学习和工作效率降低。因此，必须学会对过于强烈和持久的消极情绪加以管理和调节。

◆ **心理实验**

阿维森纳曾把一胎所生的两只羊羔置于不同的外界环境中生活,一只小羊羔随羊群在水草地快乐地生活;而在另一只羊羔旁拴了一只狼,它时刻感受到来自面前那只野兽的威胁,在极度惊恐的状态下,根本吃不下东西,不久就因恐慌而死去。

这个实验,给你带来什么样的感受?

二、做情绪的主人

积极的情绪有助于智力的发展,对健康也有利,还能充分发挥潜力,提高学习、工作效率;反之,消极的情绪不仅会抑制智力水平的提高,还对健康造成不良影响,人在消极情绪状态下,判断和分析能力下降,还会做出许多不理智的事情。那么如何调整、控制自己的不良情绪,让自己成为情绪的主人呢?

(一)合理宣泄法

情绪是一种能量,过分压抑负性情绪,时间长了会导致身心疾病,适度合理地宣泄才是正确的。下面来看看有哪些合理、正确的宣泄方式。

1. 言语宣泄

言语宣泄即倾诉,倾诉的对象可以是熟人,包括朋友、家人、同学、老师等。有时候,也可以是陌生人,比如网友、萍水相逢的人,当然要注意保护自己的隐私和安全。最好的办法是找专业的心理咨询师。特别的倾诉对象也可以是你自己,即通过写日记的方式宣泄情绪。

2. 肢体宣泄

肢体宣泄即运动,运动不仅可达到锻炼身体的效果,还可以改善心理状态。有研究表明,有氧运动可以让人心情愉悦。

3. 意念宣泄

意念宣泄即冥想,冥想已经成为世界上的一项流行运动。

4. 眼泪宣泄

这是一种自我心理保护的措施。哭可以解除情绪的紧张、内心的抑郁与烦恼,还能促进生理上的新陈代谢。美国生物学博士费雷认为,人在悲伤时不哭是有害身体健康的,人在流泪时可以把体内因紧张而产生的化学物质排出体外,可以缓解人的忧愁和悲伤。

（二）改变认知法

一次技能测试没通过，有的人自暴自弃、破罐破摔；有的人愤愤不平，觉得老师故意跟自己过不去；有的人却静下心来，查找自己的不足之处，为下次补考做充分准备。面对同样的事件，不同的人有不同的情绪反应，结果也各不相同。人生不如意事十之八九，我们需要决定用什么情绪来回应生活中发生在我们身上的事情，而不是把情绪的责任丢给别人，因为你无法改变他人，你只有做自己情绪的主人时，你才会发现你的世界豁然开朗。

美国心理学家埃利斯提出的情绪ABC理论认为，引发人们不良情绪和行为的直接原因，不是激发事件本身，而是个体对激发事件的认知和评价而产生的信念。因此，要改善不良情绪，就应该改变对激发事件的不正确认知和评价所产生的错误信念，即非理性信念。

A(Activating Event)指激发事件。

B(Belief)指个体在遇到激发事件之后相应而生的信念，也就是个体对该事件的看法、解释和评价。

C(Consequence)指在特定情境下个体的情绪及行为的结果。

在日常生活中，我们有一些自动或下意识的看法和对事件的认识都是非理性的，就是因为这些不合理的信念导致了一些不良的情绪。不合理信念主要有以下这些：

（1）非黑即白、非此即彼：凡事易走极端，觉得一个人好就什么都好，觉得一个人坏便一无是处。

（2）糟糕化：总是想到事情的消极面，并且过分夸大事情的不良后果。

（3）以偏概全：将偶尔发生过的消极事件看成是无止境的，认为它会经常发生。

三、培养自己的情商

（一）情商的概念

情商(Emotional Quotient，简称EQ)最早由美国哈佛大学心理学家丹尼尔·戈尔曼提出。智商(Intelligence Quotient，简称IQ)是对一个人的智力因素的测定。而情商指的是一些非智力因素的测定，主要包括兴趣、动机、信念、情绪、理想、意志、性格等因素。有研究表明，在成功诸多要素中，智商因素仅占20%，而控制情绪的能力、抓住机遇的能力等情商因素具有更重要的作用。

（二）情商的内容

情商是个人自我情绪管理以及管理他人情绪的能力。包含五个方面：

（1）自我认知能力：对自我情绪的察觉能力，能觉察自我情绪并了解其产生原因。

（2）自我控制能力：对自我情绪的控制能力，尤其是对不良情绪的调节、控制能力。

（3）自我激励能力：通过自我约束或鞭策来实现一定的目标的能力。

（4）识别他人情绪的能力：能读懂并理解他人情绪的能力，也即我们说的同理心。

（5）管理人际关系的能力：能够与他人进行社会交往并协调人际关系的能力。

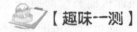【趣味一测】

情商小测试

说明：以下测试包括10道题，旨在令你对自己目前的情商状况有一个总体的了解。完成这个测试大约需要5分钟时间。请选择你在题中列出的情境下会采取何种做法，没有对错之分。

1. 坐飞机时，突然受到很大的震动，你开始随着机身左右摇摆。这时候，你会怎样做呢？

A. 继续读书或看杂志，或继续看电影，不太注意正在发生的骚乱

B. 注意事态的变化，仔细听播音员的播音，并翻看紧急情况应对手册，以备万一

C. A 和 B 都有一点

D. 根本没注意到

2. 带一群4岁的孩子去公园玩，其中一个孩子由于别人都不和她玩而大哭起来。这个时候，你该怎么办呢？

A. 置身事外——让孩子们自己处理

B. 和这个孩子交谈，并帮助她想办法

C. 轻轻地告诉她不要哭

D. 想办法转移这个孩子的注意力，给她一些其他的东西让她玩

3. 假设你想在某门课程上得优秀，但是在期中考试时只得了及格。这时候，你该怎么办呢？

A. 制订一个详细的学习计划，并决心按计划进行

B. 决心以后好好学习

C. 告诉自己在这门课上考不好没什么大不了的，把精力集中在其他可能考得好的课程上

D. 去拜访任课教授，试图让他给你高一点的分数

4. 假设你是一名保险推销员，去访问一些有希望成为你的顾客的人。可是一连十五个人都对你很敷衍，并不明确表态，你变得很失望。这时候，你会怎么做呢？

A. 认为这只不过是一天的遭遇而已，希望明天会有好运气

B. 考虑一下自己是否适合做推销员

C. 在下一次拜访时再做努力，保持勤勤恳恳工作的状态

D. 考虑去争取其他的顾客

5. 你是一个经理，提倡在公司中不要搞种族歧视。一天，你偶然听到有人正在开有关种族歧视的玩笑。你会怎么办呢？

A. 不理它——这只是一个玩笑而已

B. 把那人叫到办公室去，严厉斥责他一顿

C. 当场大声告诉他，这种玩笑是不恰当的，在你这里是不能容忍的

D. 建议开玩笑的人去参加一个有关反对种族歧视的培训班

6. 你正在坐朋友的车时，别人的车突然危险地抢到你们前面，你的朋友勃然大怒，而你试图让他平静下来。你会怎么做呢？

A. 告诉他忘掉它吧，现在没事了，这不是什么大不了的事

B. 放一盘他喜欢听的磁带，转移他的注意力

C. 一起责骂那个司机，表示自己站在他那一边

D. 告诉他你也曾有同样的经历，当时你也一样气得发疯，可是后来你看到那个司机出了车祸，被送到医院急救室抢救

7. 你和好友发生了争论，两人激烈地争吵，盛怒之下，互相进行人身攻击，虽然你们并不是真的想这样做。这时候，最好怎么办呢？

A. 停止20分钟，然后继续争论

B. 停止争吵……保持沉默，不管对方说什么

C. 向对方说抱歉，并要求他（她）也向你道歉

D. 先停一会儿，整理一下自己的想法，然后尽可能清楚地阐明自己的立场

8. 你被分到一个单位当领导，想提出一些解决工作中繁难问题的好方法。这时候，你第一件要做的是什么事呢？

A. 起草一个议事日程，以便充分利用和大家在一起讨论的时间

B. 给人们一定的时间相互了解

C. 让每一个人说出如何解决问题的想法

D. 采用一种创造性地发表建议的形式，鼓励每一个人说出想法，而不管该想法有多疯狂

9. 你3岁的外甥非常胆小，实际上，从他出生起就对陌生地方和陌生人有些神

经过敏或者说有些恐惧。你该怎么办呢?

　　A. 接受他具有害羞气质的事实,想办法让他避开令他感到不安的环境

　　B. 咨询专业人士,寻求帮助

　　C. 有目的地让他一下子接触许多人,带他到各种陌生的地方,克服他的恐惧心理

　　D. 设计渐进的系列挑战性计划,每一个计划相对来说都是容易对付的,从而让他渐渐懂得他能够应对陌生的人和陌生的地方

　　10. 多年以来,你一直想重学一种你在儿时学过的乐器,而现在只是为了娱乐,你又开始学了。你想最有效地利用时间。该怎么做呢?

　　A. 每天坚持严格的练习

　　B. 选择能稍微扩展你的能力的乐曲去练习

　　C. 只有当自己有情绪的时候才去练习

　　D. 选择远远超出你的能力但通过勤奋的努力能掌握的乐曲去练习

　　每小题各选项得分如下表所示:

选项	选项									
	1	2	3	4	5	6	7	8	9	10
A	20		20				20			
B	20	20				5		20	5	20
C	20		20	20	20	5				
D						20			20	

优秀:120～160　　良好:80～120　　一般:40～80　　较差:<40

【健心活动】

　　1. 人的基本情绪大致分成喜、怒、哀、惧四类,你可以写出多少表达情绪的词语?

　　喜:

　　怒:

　　哀:

　　惧:

　　2. 制作一周的情绪表格,把每天自己的主要情绪记录下来。

星期	一	二	三	四	五	六	日
情绪状况							

3. 在以上的情绪中,哪些是积极情绪,哪些是消极情绪?引起这些情绪的事件是什么?

	情　绪	事　件
积极情绪		
消极情绪		

4. 用情绪 ABC 理论来分析心理故事《牡丹图》,此买主为什么在听了朋友的解释后会沮丧不已?在听了俞仲林的解释后又心花怒放?

A 事件	B 认知想法	C 情绪/结果

牡 丹 图

我国著名画家俞仲林因擅长画牡丹而闻名遐迩。有一次,他刚刚画了一幅牡丹图,被某人买走了。此人见买到了俞仲林的牡丹画,很高兴,将画挂在大厅里。此人的一位朋友来拜访他,看见这幅画,大呼不好,说牡丹花没有画完,缺了一部分,牡丹代表富贵,这岂不意味着"富贵不全"了吗?此人一听,大吃一惊,也顿觉得牡丹残缺一边,沮丧不已,于是将画退回给俞仲林,请求他重画一幅。俞仲林哈哈一笑,说:"牡丹代表富贵,所以要缺一边,这是'富贵无边',吉祥祝福之意呀。"此买主听了俞大师的解释,心花怒放,又高高兴兴地捧着画回家去了。

第三节　直面困难　战胜挫折

【心事心语】

1996 年,一个日本青年报考一家大公司,公布考试结果时,他名落孙山。这一落榜消息使他顿生绝望之心,并马上愤而自杀。不料自杀未遂,他被抢救过来了。正当他神昏意迷之际,忽然传来他被录用的喜讯。原来他的考试成绩名列榜首,只是当初统计时出了差错。但紧接着又传来消息,他被公司解聘了。公司负责人评价道,连如此小小的人生打击都承受不起,又怎么能在今后艰难、曲折的奋斗之路上建功立业呢?

人生不如意事十之八九,谁的人生也不可能一帆风顺,面对人生的挫折和逆境时,你是选择抱怨上天的不公,放弃努力消极对待,还是直面它,并积极地想办法去克服它呢?

【心理课堂】

一、认识挫折

(一)什么是挫折

挫折是指人们在某种动机的推动下所要达到的目标受到阻碍,因无法克服而产生的紧张状态与情绪反应。挫折是客观存在的,也是不可避免的。

挫折对人的影响具有两重性。它一方面会让人失望、痛苦,使人消极颓废,甚至丧失对生活的信心;另一方面,有的人会在挫折失败中吸取教训,磨砺意志,不断超越,赢得更加精彩的人生。

(二)挫折的组成要素

挫折有三个构成要素。

1. 挫折情境

挫折情境指需要不能得到满足的内外障碍或干扰等情景因素,可能是人或物,也可能是各种自然、社会环境或想象。

2. 挫折认知

挫折认知指对挫折情境的认知和评价,是主观上的感受。

3. 挫折反应

挫折反应指个体在挫折情境下所产生的烦恼、困惑、焦虑、愤怒等负面情绪交织而成的挫折情绪和行为反应。

二、认识意志

(一)什么是意志

意志是有意识地确定目的,调节和支配行为,并通过克服困难和挫折,实现预定目的的心理过程。当我们在完成自己并不喜欢但又应该完成的任务,或者有一定困难的任务时,就需要意志的参与,以克服各种困难,实现预定的目的。意志是人类特有的心理现象,是人的意识能动性的集中体现。

(二) 意志的两个阶段

意志是如何发生作用的呢？它是一个复杂的自觉行动过程,有其发生、发展和完成的历程,可以分为两个阶段:准备阶段和执行决定阶段。

1. 准备阶段

这是意志行动的开始阶段,它决定意志行动的方向,是意志行动的动因,一般要经过确定目的、动机斗争和制订计划等环节。

人的行为有目的性。如果行动的目的只有一个,是不需要意志努力的;但是当行动的目的有多个时,确定目的就需要意志努力。在确定目的时,人们往往拿不定主意做出决策,此时就会产生内心冲突和动机斗争。根据动机之间的冲突关系,冲突可以分为几种:双趋式冲突、双避式冲突、趋避式冲突、双重趋避式冲突。

双趋式冲突:两个都是想要的,但只能二选一,可以用一句话概括,"鱼我所欲也,熊掌亦我所欲也"。

双避式冲突:两个都不是想要的,但不得不选其一,即所谓"前怕狼后怕虎"。

趋避式冲突:不管做何选择,痛苦和快乐同时存在。例如,想节食减肥,又经受不住美食的诱惑。

双重趋避式冲突:两个选择,每一个都有优点和缺点。

2. 执行决定阶段

意志完成阶段,使拟订的计划付诸实施,从而实现既定目的。

(三) 意志品质

1. 自觉性

对行动和目的有深刻的认识,能自觉地支配自己的行动,使之服从于活动的目的。表达意志自觉性的反面词语有易受暗示、武断等。

2. 果断性

迅速地、不失时机地采取决定。表达意志果断性品质的反面词语有优柔寡断、鲁莽草率等。

3. 坚韧性

坚持不懈地克服困难,永不退缩。与意志坚韧性品质有关的贬义词有动摇、执拗等。

4. 自制性

善于管理和控制自己情绪与行动的能力。任性、怯懦两个词语表达的是意志的自制性不够。

三、调适挫折的策略

（一）放松心情，调整情绪

保持自信和乐观的态度，相信挫折和教训可以让我们变得更聪明和成熟，学会平衡自我，调适自己的情绪。

（二）积极认知，正确归因

要有一个辩证的挫折观，虽然遇上挫折让人气馁，但是失败乃成功之母，要对其进行冷静分析，从客观、主观、目标、环境、条件等各个方面找出受挫的原因，并采取积极有效的补救措施，而不是一味地抱怨，怨天尤人。

（三）调整目标，果敢行动

如果是因为目标远远超出自己的能力而导致的受挫，可以适当地调整目标，或者降低难度和高度，或者将目标分解，逐步实现，重新调整计划，并立刻付诸行动。

◆ <u>心理实验</u>

十字架

有一群人，每个人都背负着一个沉重的十字架，缓慢而艰难地朝着目的地前进。途中，有一个人忽然停了下来。他心想，这个十字架实在太沉重了，就这样背着它，得走到何年何月啊！于是，他拿出刀，做出了一个惊人的决定，他决定将十字架砍掉一些。他真的这么做了，开始砍十字架……砍掉之后走起来，的确轻松了很多。于是，就这样走啊走啊走啊走，又走了很久很久很久。他又想，虽然刚才已经将十字架砍掉了一块，但它还是太重了。为了能够更快更轻松地前行，这次，他决定将十字架再砍掉一大块。他又开始砍了，这样一来，他一下子感到轻松了许多！当其他人都在负重奋力前行时，他呢，却能边走边轻松地哼着歌！走着走着，谁料，前边忽然出现了一个又深又宽的沟壑！沟上没有桥，周围也没有路。也没有蜘蛛侠或者超人出来解救他……他该怎么办呢？后面的人都慢慢地赶上来了。他们用自己背负的十字架搭在沟上，做成桥，从容不迫地跨越了沟壑。他也想如法炮制，只可惜啊，他的十字架之前已经被砍掉了长长的一大截，根本无法做成桥，帮助他跨越沟壑！于是，当其他人都在朝着目标继续前进时，他却只能停在原地，垂头丧气，追悔莫及。这个时候，在他的脑海里回响着一句话：曾经有一个完整的十字架扛在我的肩上，我没有好好珍惜，直到需要它的时候，我才后悔莫及。人世间最大的痛苦莫过于此啊！……

其实,我们每个人每天都背负着各种各样的十字架在艰难前行。它也许是我们的学习任务,也许是我们必须承担的责任和义务。但是,正是这些责任和义务,构成了我们在这个世界上存在的理由和价值。所以,请不要埋怨学习的繁重、跑操的痛苦、责任的重大,因为真正的快乐是挑战后的结果,没有经历深刻的痛苦,我们也就体会不到酣畅淋漓的快乐!

【趣味一测】

挫折承受力测试

同学们,请你认真思考以下题目,它能帮助你了解自己的受挫能力。

1. 碰到令人担心的事时,(　　)。
   A. 无法着手学习　　　　B. 照干不误　　　　C. 介于两者之间
2. 碰到讨厌的对手时,(　　)。
   A. 感情用事,无法应付　B. 能控制感情,应付自如　C. 介于两者之间
3. 失败时,(　　)。
   A. 不想再干了　　　　B. 努力寻找成功的机会　C. 介于两者之间
4. 学习进展不快时,(　　)。
   A. 焦躁万分,无法思考　B. 可以冷静地想办法　C. 介于两者之间
5. 学习中感到疲劳时,(　　)。
   A. 脑子不好使了　　　B. 耐住疲劳继续学习　C. 介于两者之间
6. 学习条件恶劣时,(　　)。
   A. 无法学习好　　　　B. 克服困难创造条件　C. 介于两者之间
7. 在绝望的情况下,(　　)。
   A. 听任命运摆布　　　B. 力挽狂澜　　　　C. 介于两者之间
8. 碰到困难时,(　　)。
   A. 失去信心　　　　　B. 开动脑筋　　　　C. 介于两者之间
9. 接到很难完成的学习任务时,(　　)。
   A. 不完成　　　　　　B. 千方百计干好它　C. 介于两者之间
10. 困难落到自己的头上时,(　　)。
    A. 厌恶之极　　　　　B. 欣然接受,努力克服　C. 介于两者之间

挫折承受力测试评分标准 A=0 分,B=2 分,C=1 分。若总分在 17 分以上,说明受挫能力很强;若总分在 10~16 分之间,说明对某些特定的挫折的承受力比较弱;若总分在 9 分以下,说明承受能力比较弱。

【健心活动】

1. 说出关于意志的褒义词。列举目前在你的学习、生活中有哪些需要意志努力才能完成的事件。

2. 你遇到过什么困难和挫折吗？当时是什么感受？你是如何应对和处理的？

3. 针对以上事件,有哪些方法可以让自己的意志更加坚强？

第三章
融洽人际　健康生活

引　言

人生价值的实现，要以人的活动，特别是职业活动为途径。职校生走向社会要参与各种各样的活动，在活动中与人结成各种各样的关系。只有建立广泛的、良好的人际关系，才能最大限度地实现自身价值。成功学大师卡耐基经过长期研究后得出如下结论："专业知识在一个人成功中的作用只占15%，而其余的85%则取决于人际关系。"现实告诉人们，你无论从事什么职业或专业，只要学会处理人际关系，你就离成功越来越近，而你离成功越近，你为社会做的贡献就越多，你人生价值也就越能得到体现。

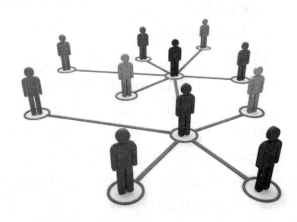

第一节　学会交往　沟通你我

【心事心语】

某中职二年级学生林某,性格十分内向,孤僻,不善言谈,不会处事,很少与人交往。入学一年多来,他和班上同学相处得很不融洽,跟同宿舍人曾经发生过几次不小的冲突,关系相当紧张。他也很少参加集体活动。他认为自己没有一个能相互了解、相互信任、谈得来的知心朋友,常常感到特别的孤独和自卑,情绪烦躁,痛苦之极,而巨大的精神痛苦又无处倾诉,长期的苦恼和焦虑使他患上了神经衰弱症。

【心理课堂】

一、人际交往的重要性

(一) 人际交往的概念

人际关系是指人与人之间通过直接交往形成起来的相互之间的情感联系。中职生的人际交往是学生在校期间和周围与之有关的个体或群体的相处与交往,是学生之间以及学生与他人之间沟通信息、交流思想、表达感情和协调行为的互动过程。

中职生主要的人际交往是同伴交往和师生交往,学生之间还有一种特殊的人际交往,即同室交往。

(二) 人际交往的作用

卡耐基曾说过,一个人的成功,只有15%靠他的专业知识,而85%要靠他良好的人际关系。人一生的成长发展、喜怒哀乐等,都是与他人的交往和关系密切联系的,如果没有与他人的交往与关系,也就没有人生的悲欢离合。

人是社会的存在,每个个体不可避免地要与他人交往,我们与他人的交往与关系是我们生活的基础,我们也是在与他人的交往与互动中完成自己的人生成长,满足自身各方面的需求,交往是个性发展与人格健全的必经之路。

1. 推动个体社会化进程

社会化是指个人学习社会知识、生存技能和文化,从而取得社会生活的资格,开始发展自己的过程。如果没有其他个体的合作,个人是无法完成这个过程的。人际交往是个人社会化的起点和必经之路。

2. 有助于身心健康发展

心理学家马斯洛研究人的心理需要层次时指出,一个人在生理需要得到满足之后,就会追求更高级的需要,如安全需要、归属与爱的需要、自尊与尊重的需要,这些高级需要都是在人际交往中满足的。如果建立了良好的人际关系,就会产生心理安全感,对人更加信任、宽容。

3. 有助于信息交流与传递

在与他人的交往中,随时可吸取对自己的工作、学习和生活有意义、有价值的知识经验。以别人的长处填补自己的短处,借鉴别人的优势改变自己的劣势,学习他人成功的经验,吸取他人失败的教训,以此扩充自己的知识积累,发展已有的知识体系,更新思想观念,追踪有价值的信息。

4. 促进个体自我发展

人总是以他人为镜,通过与他人的比较来认识自我的。我们从他人对自己的反应、态度和评价中,发现自己的长处和短处,找到自己恰当的社会位置。

二、把握人际交往的风向标

(一)人际交往的模式

美国著名心理学家爱利克·伯奈依据个体对自己和他人的态度,提出了四种人际交往模式。

1. 我不好—你好

这种交往模式表现为自卑,甚至是社交恐惧。根源于童年的无助感,这种态度如果没有随着年龄的增长而改变,长大以后就容易放弃自我或顺从他人。他们喜欢以百倍的努力去赢得他人的赞赏,或者喜欢与父母意识重的人为友。

2. 我不好—你也不好

这种交往模式常常表现为不喜欢自己,也不喜欢别人,既看不起自己,也看不起别人,既不会去爱人,也不能体验和接受他人。这种人现实中往往远离人群,也不知道自我完善,一副"冰冻人"的模样。他们是在社会生活的边缘徘徊的人,找不到进入生活的入口。

3. 我好—你不好

这种交往模式常常表现为充满优越感,骄傲自大,自以为是,总认为自己是对的,别人是错的。如果自己对别人好而他人对自己的好没有达到自己的期待,就会愤愤不平。把人际交往失败的原因归咎于他人的责任。这种交往模式的根源在于自卑,由于自卑,所以表现出优越感。看不起别人实际上就是看不起自己,这是一种不成熟的表现形式。

4. 我好—你也好

这是一种成熟、健康的交往模式。相信自己,也相信他人,爱自己,也爱他人。能够客观地看待自己和他人,正视现实并努力改变自己能改变的事物,正确看待自己和他人身上的优缺点,从而使自己保持一种积极、乐观、进取、和谐的精神状态。他们能够根据现实的要求主动改变自己,能够保持与时俱进的状态,是生活中的成功者。

(二) 人际交往的原则

1. 真诚

真诚待人是人际交往中最有价值、最重要的原则,是人际交往得以延续和深化的保证。真诚能够使人们对于与自己交往的对象有更明确的预见性,更容易建立安全感和信任感。坚持真诚的原则,必须做到热情关心,真心帮助他人而不求回报,对朋友的不足能诚恳批评。对人、对事实事求是,对不同的观点能直陈己见,而不是口是心非,既不当面奉承,也不背后诽谤,能赤诚待人,襟怀坦白。

2. 平等

平等主要指交往双方态度上的平等,坚持平等的交往原则,就要正确估价自己,不要光看自己的优点而盛气凌人,也不要只见自身的弱点而盲目自卑,要尊重他人的自尊心和感情,更不能"看人下菜碟"。

3. 尊重

每个人都有自己的人格尊严,并期望在各种场合中得到尊重。尊重能够引发人的信任、坦诚等情感,缩短人与人之间交往的心理距离。坚持尊重的原则,必须注意在态度上和人格上尊重同学,平等待人,讲究语言文明、礼貌待人,不乱给同学取绰号,尊重同学的生活习惯。

4. 互惠

人际关系以能否满足交往双方的需要为基础,双方在满足对方需要的同时,又能得到对方的报答。人际交往永远是双向选择,双向互动。你来我往交往才能长久。在交往的过程中,双方应互相关心、互相爱护,既要考虑双方的共同利益,又要深化感情。

5. 理解

理解是成功的人际交往的必要前提。理解就是我们能真正地了解对方的处境、心情、好恶、需要等,并能设身处地地关心对方,对对方的情绪做出恰到好处的反应,使沟通的过程更加深入和顺畅。

6. 宽容

在人际交往中,难免会产生一些不愉快的事情,甚至产生一些矛盾和冲突。这时候我们就要学会宽容别人,对非原则问题不要斤斤计较,能够以德报怨。不要因为一些小事而陷入人际纠纷,这样会浪费我们很多时间。

三、人际交往的秘诀

(一)人际交往中的心理效应

我们在与他人交往的过程中,常常会受到各种心理效应的影响。这类影响包括正反两个方面。了解这些心理效应,有利于我们觉察对他人认知的偏差,帮助我们建立良好的人际关系。

1. 首因效应(第一印象)

第一印象是指素不相识的人在首次交往时形成的最初的印象。第一印象在人际认知、人际印象形成过程中会产生"先入为主"作用,它奠定了对人认知和印象的基础。虽然这些第一印象并非总是正确的,却是最鲜明、最牢固的,并且决定着以后双方交往的进程。如果一个人在初次见面时给人留下良好的印象,那么人们就愿意和他接近,彼此也能较快地取得相互了解,并会影响人们对他以后一系列行为和表现的解释;反之,对于一个初次见面就引起对方反感的人,即使由于各种原因难以避免与之接触,人们也会对之很冷淡,在极端的情况下,甚至会在心理上和实际行为中与之产生对抗。

社会心理学家艾根根据研究发现,在同陌生人相遇的最初,可按 SOLER 模式来表现自己,以便在对方心目中建立起良好的第一印象。

S 表示"坐(或站)要面对别人";

O 表示"姿势要自然开放";

L 表示"身体微微前倾";

E 表示"目光接触";

R 表示"放松"。

需要注意的是,首因效应具有先入性、不稳定性、误导性,根据第一印象来评价一个人往往失之偏颇,被某些表面现象蒙蔽。切忌以貌取人,要透过现象看本质。俗话说:"路遥知马力,日久见人心。"生活中,我们应该全方面观察、了解、接触,才能比较客观地认识一个人。

2. 近因效应

与首因效应相反,近因效应是指交往中最后一次见面给人留下的印象,这个印象也会在对方的脑海中存留很长时间。在交往过程中,认真对待每一次交往,有好的开始,也要重视好的结尾;发生冲突及时道歉,知错就改。

最近的印象虽然会相对深刻和清晰,但不一定是全面而正确的判断。我们在评定一个人时不只是看一时一事,还要综合他的过去一起考虑,历史地、全面地看问题,这样才能准确地了解一个人。

3. 刻板效应(定势效应)

刻板效应是指对某人或某一类人产生的一种比较固定的、类化的看法,认为某种事物应该具有其特定的属性,而忽视事物的个体差异。

有时它能让我们快速地处理较为复杂的事情,让我们通过一些信息迅速获得对他人的印象。但这具有片面性,因为这些信息往往是通过道听途说得来的,有时会让我们产生偏见,容易影响我们对他人的准确判断,对我们的人际关系造成不良影响。

人际交往中,切忌戴着有色眼镜看人,要就事论事,实事求是地分析,减少刻板效应带来的不利影响。

4. 晕轮效应(光环效应)

一个人的某种品质或一个物品的某种特性一旦给人以非常好的印象,在这种印象的影响下,人们对这个人的其他品质或这个物品的其他特性也会给予较好的评价。"爱屋及乌""一俊遮百丑"都是光环效应在社会生活中的具体体现。

一个作家一旦出名,以前压在箱子底的稿件全然不愁发表,所有著作都不愁销售,这就是光环效应的作用。生活中,我们要注重塑造突出的正面形象,但在交往中,也不能忽视晕轮效应的副作用,避免以偏概全,要尽量消除"偏见",多角度分析取舍。

我们每个人都在社会生活中不断成长,通过认识并合理利用人际效应,提升我们的交往能力。我们可以做到以下几点:不要急于下结论;多方面收集信息;不要戴着有色眼镜;善于倾听和接受他人的意见。

(二)人际交往中的沟通方法

人际交往中,清楚恰当地表达既是对自己的尊重,也是对伙伴的尊重。但这并不是一件容易的事。下面是关于如何合理地表达自己的建议,我们可以学一学,试一试。

1. 学会倾听

在人际沟通中,有时听比说更重要,要正确理解别人,必须先听懂对方要表达的意思,并不时用言语或非言语的方式给对方简短的回应。

交流双方要准确地描述信息并保证信息有效地传达,一方面,带着尊重去倾听别人,避免先入为主或者以己度人;另一方面,在他人没有准确表达自己的情况下,试着以合适的方式表达自己的困惑,这也有助于增进彼此的沟通。

倾听小技巧:保持适度的目光接触;善于运用身体语言;适当地点头赞许;保持恰当的面部表情;避免分心或不耐烦;使用提问和复述;不要多说或随意打断对方。

2. 换位思考

做什么事都要换位思考,遇到事情时,不妨站在对方的角度去思考问题,从对方出发,想想我们这样做了对方会如何想以及由此引发的后果,这样我们就能够想清楚,把事情做到最佳。假如对方是领导,要求你干一件事情,可以换位思考:假如我是领导,我希望他如何去做,要达到什么样的效果。想明白得与失后,做事就能得当合适。养成这样的思维习惯,在处理很多问题上,就能轻松自如,恰到好处。

3. 学会拒绝

适时地拒绝别人,是我们处理好人际关系的一项重要技能。当你有紧急的事或比他人约自己去做的事更重要时,或者别人所要求的事确实是自己不愿意做的事时,或可明显判断出这是不好的事时,要勇于拒绝。拒绝时,要果断,不能含糊其词,明确表明自己不愿意的态度。在拒绝别人时,还应该做出必要的简短解释,同时在拒绝时,注意说话的语气,要礼貌委婉。

(1)补偿式拒绝:提出另一建议,以示诚意。

(2)先肯定后拒绝:以示情非得已。

(3)爱护性拒绝:站在对方立场谈理由。

【趣味一测】

1. 下列说法对吗?为什么?

(1)我觉得和同学交往太累了,自己做好自己的事就行。

(2)我享受孤独,不需要和人交往。

(3)朋友越多越好。

(4)冷漠的人没有朋友。

2. 评价自己的沟通状况。

(1)对哪些情境的沟通感到愉快?

(2)对哪些情境的沟通感到有心理压力?

(3)最愿意保持沟通的对象是谁?

(4)最不喜欢与哪些人沟通?

(5)能否经常与多数人保持愉快的沟通?

(6)能否常感到自己的意思没有说清楚?

(7) 是否经常误解别人,事后才发现自己错了?

(8) 是否与朋友保持经常性联系?

【健心活动】

1. 人能承受多少孤独?

美国心理学家沙赫特·斯坦利曾做过一个实验:他以每小时15美元的酬金,聘人待在一个小房间里。这个小房间与外界完全隔绝,没有报纸,没有电话,不准写信,也不让其他人进入。最后,有两个人应聘参加实验。实验结果是一个人在小房间里只待了不到两个小时就出来了,另一个人待了8天。这个待了8天的人出来后说:"如果让我在里面再多待一分钟,我就要发疯了。"

思考:

(1) 在衣食无忧,还有可观报酬的情况下,为什么要放弃实验?

(2) 独自单独待着就这么让人难以忍受吗?不与人交往难道就不可以吗?

(3) 面对不可抗拒的情境,如疫情防控期间需要居家时,我们如何来调适自身?

2. 观察下图,请同学们谈一下感想。

3. 如果你是莹莹,你会怎么做?在人际交往中,我们应该注意些什么?

莹莹是班上的英语课代表,今天她像往常一样一大早开始收作业。班上一共有45人,可她今天只收到44份,她想都没想,就立刻走到"拖拉大王"小强的桌前,用冷漠而生硬的声音对小强说:"是你没交作业吧!"小强说:"我交了,你不能冤枉我。"小强还想争辩,可莹莹已经离开了他的座位,抱着作业本交到了老师办公室。第二节英语课的时候,老师抱着作业本,让莹莹发给同学们,莹莹发现小强真的交了作业,反倒是自己的好友晶晶没有交作业。

第二节　开心交友　融洽相处

【心事心语】

某中职二年级学生蔡某,虽然入学已经一年半了,但和同学总是处不好关系。蔡某很难过:"不知从什么时候起,周围的人好像都不喜欢我。有的人一见到我就掉头走开;有的人还在背后嘀嘀咕咕议论我。为此,我心里很烦,不知道周围的人为什么不喜欢我。老师,您能不能告诉我,一个人要怎样做才能获得他人的好感与尊重呢?"

【心理课堂】

一、提升魅力　谨慎交友

(一)如何受人欢迎

人际吸引是指人与人之间相互喜欢、愿意亲近的程度,决定人际关系的质量和人际交往的成败。究竟什么样的人才能被人喜欢?

1. 个人特质

一个人的某些特征会决定他是否受人喜爱。个性品质的吸引是比较稳定、持久的,我们喜欢真诚、正直、友好、热情的人,讨厌虚伪、狡诈、自私、贪婪的人。相关研究也发现,真诚是最重要的特质,容易使人产生安全感与信任感。

人们往往也会喜欢那些有能力、聪明的人,这能让我们获得更多的东西,也会让我们感觉更安全。但有时候过于完美,反而引起他人不舒服,这是由于人们一方面希望自己周围的人都很有才能,但当榜样在各方面的能力都使人不可企及时,人们会备感压力,只好敬而远之。因此,才能在一定范围内越高越受人喜欢,但超出某范围,就会让周围人产生自卑感,他们会选择逃避或拒绝。

在交往过程中,人们很容易注意到他人的外表,在其他条件相等的情况下,漂亮的人更招人喜欢,人际吸引力更大。因此,在与人交往中,要注重仪表风度,一般情况下人们都愿意同衣着干净整齐、落落大方的人接触和交往。言谈得体,举止优雅,会给人留下好的印象。

除了上述提到的之外,身体语言、声音、面部表情等因素都可能影响他人对个体的印象。

2. 熟悉程度

随着熟悉程度的增加,大家对不喜欢的事物会变得越来越喜欢;一个人若经常出现在我们面前,便能增强我们对他的喜欢,这就是熟悉效应,也叫曝光效应。曝光效应也是有条件的,其前提必须是中性的刺激,不然效果会适得其反。如果本来就是令人厌恶的刺激,随着曝光次数的增多,反而会降低好感。而曝光过度或过度刺激也不利于关系的发展,情感中喜新厌旧就是因此造成的。

在人际交往中,在保证第一印象良好的情况下,尽可能经常出现在他人面前,这样别人更加容易喜欢你,就像我们生活中那些人缘较好的,都是经常会去和别人交流的,在工作中,他们得到升职的机会也比较多。

物理距离上的接近性,交往双方可能是相似的人,或者随着交流机会的增加,相互间更为熟悉,并产生积极的交往体验,因而接近性也是人际吸引的重要因素,正如"远亲不如近邻"。

3. 相互性

相互性也叫对等律,是指人们在社交中常具有这样的心理倾向,即喜欢同那些同样喜欢自己的人交往。"敬人者,人恒敬之;爱人者,人恒爱之。"社会心理学家阿伦森曾经设计了一个实验,实验证明:人们喜欢那些喜欢自己的人,喜欢那些给自己带来愉快感的人。

相似互补也对人际吸引很重要,人们倾向于喜欢在态度、价值观、兴趣、背景及人格等方面与自己相似的人,有时也喜欢与自己在某些方面相反的人。

(二)慎重选择朋友

"近朱者赤,近墨者黑",你拥有一个什么样的人生,很大程度上取决于你选择的朋友。朋友是人生的指明灯,一个良好的朋友可以让自己的人生步入良性的循环。当你犯错时,朋友是为你指点迷津的贵人,所以说朋友的三观正就显得尤为重要。如果朋友的观念有问题,那么你们在长久的相处之中,你很容易会被他(她)带偏。我们要用合理的方式谨慎地结交朋友。

1. 志趣相投

朋友之间除了相互认可、相互支持和理解之外,更重要的是要有一种默契、一种共鸣。美国著名人际关系学大师卡耐基与人相处的秘诀就是先学会了解对方的观点,只有弄清楚对方的观点,自己才能找到合适的应对措施,认识到他会对你的生活带来什么样的影响。

2. 真诚互助

朋友并不在多,而在真诚,能对你直言规谏。那些如"烂苹果"一样的朋友,让你得意忘形、飘飘欲仙之余,对你的人生毫无裨益。

3. 积极进步

情绪会传染,和乐观的人在一起,你会觉得生活充满阳光,一切都是那么美好。作家李尚龙说:"负能量是在鞭笞别人的不好、责骂社会的不公;正能量是在讲完后告诉你,即使再苦,我依旧可以通过努力去改变一些。"与智者为伍,你也不会平庸;与强者同行,你也不会是弱者。

二、分享阳光　轻松交友

(一)克服交往中常见的心理问题

许多时候,妨碍我们与他人交往的不是别人,正是我们自己的不良心理。扪心自问,你在与别人交往时,是否有以下心理?

1. 自卑心理

自卑心理是指一种自己轻视自己的消极心理。它会过多地约束自己的言行,对有关自己的议论特别敏感,会产生强烈的情绪体验。要克服自卑心理,我们应该要学会正确认识自己、悦纳自我;意识到不足,努力弥补自己的弱点;对自己进行积极的自我暗示;等等。

2. 猜忌心理

猜忌心理是指一种主观推测而产生的不信任的情感体验,猜忌的人通常过于敏感。当然,敏感并不一定都是缺点,对事物敏感的人往往很有灵气,有创造力,但如果过于敏感,特别是与人交往时过于敏感,就要想方设法加以控制,如培养自信心等。也可通过及时沟通、解除疑惑、调节自身等,克服猜忌心理。

3. 害羞心理

害羞心理是指一个人在与他人交往时过分地束缚自我的行为,以至无法充分地表达自己的思想感情,从而阻碍交往的心理倾向。美国心理学家沃伦·琼斯博士也认为,害羞虽是一个人的弱点,但是这个弱点并非有害无益,恰恰相反,它也可以变成许多优点。

4. 嫉妒心理

嫉妒是一种普遍的社会心理现象。嫉妒是一种负性情绪,是指自己的才能、名誉、地位或境遇被他人超越,或彼此距离缩短时,所产生的一种由愤怒、怨恨等组成的情绪体验。嫉妒者由于把别人的优势视为对自己的威胁,因而往往对他人带有明显的敌意,有的甚至会产生诋毁行为,这样不但伤害自己,同时也危害他人,给人际关系造成极大的障碍。我们要认识嫉妒的危害,见强思齐,看到自己的长处,学会自我宣泄。

5. 自负心理

自负的人只关心个人的需要，强调自己的感受，在人际交往中表现为自视过高、看不起别人、过多防守、有明显的嫉妒心。自负心强的人往往有很强的自尊心，当别人取得一些成绩或成功时，他们常用"酸葡萄心理"来维持自己的心理平衡。

（二）主动表达友好

出生的婴儿用微笑表达对母亲的友好，吸引母亲的注意，得到了母亲更多的关爱。我们在与他人初次交往时，表达友好，有助于双方关系迈出第一步，迅速建立友情，同时，也可促进同伴间情感的升华。

1. 面带微笑

微笑，是人际交往的第一步，也是与人交往中最基本的礼节。在与他人交往中，真诚的微笑能够提升自身亲和力，传递希望与他人建立信任、互助关系的信息，给对方留下亲切、友善的好印象，也能缩短人与人之间的心理距离，为深入沟通与交往创造温馨和谐的氛围。

2. 关注对方

关注他人的兴趣爱好，关注他人的喜怒哀乐，关心他人的冷暖温饱，就是对他人友好的表现。在与他人交往的过程中，不能一味地只关注自身，要尽量为他人着想，这也是尊重他人的表现，同时也会赢得他人的好感。

（三）自我表露

自我表露即"敞开心扉"，把有关自我的信息、内心的思想和情感暴露给对方。健康的人际关系应该是一种能够满足人类情感交流需要，有益于个人、社会发展与完善的人际关系。

1. 主动自我表露

良好的人际关系是在交往双方的自我表露逐渐增加的过程中发展起来的。自我表露本身具有很强的象征性，它给对方一个强有力的信号：你对他（她）相当信任，愿意有进一步的交往。此外，主动对他人进行自我表露，也可以引发他人自我表露，从而增进相互之间的理解，促进相互之间的信任。人际交往中自我表露的程度也是相互的，自我表露的深度也是表现与他人关系深度如何的重要标志。

2. 适时自我表露

自我表露有利于人际沟通，促进亲密关系的形成和发展，增加他人对你的好感。但自我表露必须注意分寸，不适当的自我表露，可能会引起他人的退缩或拒绝。自我表露也会存在一定的风险，如被拒绝、对方将表露的信息传播出去、过分的表露让人不舒服等。通常自我表露的范围和深度是随着关系的发展而逐步增加的，对于不同的对象、发展阶段，自我表露的广度和深度明显不同，从讲述关于自己的事实、喜好立场,到揭示自己的思想、感受和需要,逐渐深入。在非常亲密的朋友中,自我表露往往十分深入,达到所谓无话不说的地步。但是,需要注意的是,无论关系多么亲密,每个人都可能存在不愿意暴露的领域。

三、知情重义　珍爱友谊

(一) 经常联系,表达关爱

随着交往对象的增加,你会发现,即使当初再好的朋友,如果长时间不联系,当初的那份友好也会消失殆尽。个体都有与他人建立情感联系的需要,当这种需要被满足的时候,就会产生积极的情绪。沟通是维系情感的一种直接的方式,彼此之间通过沟通,增加交往的深度。要想建立和维持深厚的情谊,需要经常地去沟通、去互动,保持一定的交往频率,这样才能加深感情。

(二) 欣赏对方,适时赞扬

渴望赞美是每个人内心最基本的愿望,我们会从他人的评价中获得自我价值感,对于肯定自己的人,更加容易喜欢和接纳。因此,要获得良好的人际关系,我们需要学会欣赏他人。真诚的赞美不但会愉悦他人,增进友谊,而且常发现别人的优点,也可以使自己对人保持乐观、欣赏的态度。赞美并不是阿谀奉承,要真诚,赞美是一种生活的艺术。我们应该如何真诚地赞美对方呢?

1. 因人而异,寻找赞美点

每个个体都是独特的,具体、有特点的赞美比一般化的赞美能收到更好的效果。虽然人们都喜欢听赞美的话,但并非任何赞美都能使对方高兴。能引起对方好感的只能是那些基于事实、发自内心的赞美。夸赞别人越具体越好,说一百遍"你真漂亮",不如说一句"你今天的衣服搭配得很时尚"。空泛的、不切实际的赞美,对方不仅会感到莫名其妙,更会觉得说话之人油嘴滑舌、诡诈虚伪。

2. 投其所好,及时赞美

人们发生变化或者付出努力之后,都希望被发现、得到肯定,渴望与他人分享喜悦。细心的人会立刻留意到这种小改变,当我们及时指出他人的变化,回应他人的得意之事,给予适当的赞美,往往能恰到好处,给对方一种你很在乎他的感觉。

当然,在人际交往中,当发现对方的不足之处时,要选择恰当的方式、场合,在交往过程中共同进步。

(三) 理解他人,互相支持

人际关系的基础就是双方能够互相信任和支持,所有的情感的建立都是以理解对方为基础的,我们不会无缘无故地去交往一个人。在通常情况下,我们会去喜欢那些喜欢我们的人,只有在互相重视的前提下,人们之间的情感才会更进一步深入。因此,想要自己受欢迎,不妨多去喜欢别人吧。

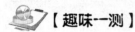【趣味一测】

1. 下列说法对吗?为什么?

(1) 我自己的人生终究还是要靠我自己,跟朋友好坏没什么关系。

(2) 我比较内向,所以我一般都是等着别人来和我交流。

(3) 嫉妒有的时候不可避免,不用刻意调适。

(4) 我的朋友都知道我的事情。

2. 下列说法你怎么看?

(1) 如果有人献给我一份真诚,我绝对以十分回报;可前提是,必须有人先伸出友谊之手。

(2) 不到万不得已,千万不要麻烦你的朋友。

(3) 关系很好的话,就没必要讲谢谢了。

【健心活动】

1. 刺猬效应。

刺猬在天冷时彼此靠拢取暖,但保持一定距离,以免互相刺伤。根据图片,谈谈你的理解。

2. 交往策划书。

你期待的最佳交往伙伴是什么样的?可以从性格、交往方式、对你的态度这三个方面来谈一谈。

最佳交往伙伴:

(1) 性格:_____。

(2) 交往方式:_____。

(3) 对你的态度:_____。

3. 如果你是主人公，你会怎么做？

"小张是我从小一起长大的朋友，后来因为我们上了不同的学校，又都住校，联系变少了。即使有的时候联系了，也觉得没什么共同语言了，一起出去玩还有一点拘谨，我们关系变淡了，但我很想挽回我们的友情，我该怎么办？"

第三节　尊敬师长　和谐校园

【心事心语】

最近比较烦

初中阶段我的学习成绩一直在班里名列前茅，各任课老师对我都很好，我常常为自己是老师眼里的好学生而自豪。

但是，进入职校以来，虽然我的成绩在班级中还是不错的，但不知道什么原因，班主任似乎不喜欢我，课上很少向我提问题，课下很多次我想和老师交流，但老师那副不耐烦的表情，让我欲言又止。

老师为什么不喜欢我？这个问题一直困扰着我，我很想尽自己的努力成为老师眼里的好学生，但我不知道如何做才能让老师更喜欢我。

一位苦恼的女职校生

你觉得她可能遇到了什么问题？如果她向你求助，你会给她什么建议？

我的建议：

【心理课堂】

一、尊重老师　从我做起

良好的师生关系是指师生之间相互认知,情感亲密、融洽,行为统一、友好、默契。当代所倡导的新型师生关系应该是如下的几种关系:

(1) 在人格上是平等的关系。师生之间应当建立一种朋友式的友好帮助关系。

(2) 在教学上是授受关系。教师是传授者,学生是授受者;教师是主导,学生是主体。

(3) 在社会道德上是互相促进的关系。要成为怎样的人,具备怎样的道德水平和精神面貌,教师对学生的引导和影响是很重要的。同时,学生也可以以自己的高尚德行感染和影响教师。

(4) 在交互活动中是民主的关系,在相处的氛围上是和谐的关系。它的核心是师生心理相容。只有彼此心灵的互相接纳,师生之间才能形成至爱的、真挚的情感关系。

良好的师生关系的宗旨是本着学生自主性精神,使他们的人格得到充分发展。它应该体现在:一方面,学生在与教师相互尊重、合作、信任中全面发展自己,获得成就感与生命价值的体验,在积极参与人际关系的实践中逐步确定自由个性和健康的人格;另一方面,教师通过教育教学活动,让每个学生都能感受到自主的尊严,感受到心灵成长的愉悦。

尊师是道德的起点,是素质的体现。人生之初,从幼儿园、小学、初中、职校到大学,都是在老师辛勤的汗水滋润下成长起来的,老师以自己的辛勤劳动教给学生知识,学生理所当然应该尊敬老师,热爱老师。尊师是求知做人的起跑点,是职校生全面提高素质的具体表现。

老师是辛苦的,作为学生,要设身处地地为老师着想,从小事做起,从分内事做起。

◆ <u>材料分享</u>

老师,你辛苦了

2000 年年初,中央电视台《实话实说》节目中讲述了李某的故事。

李某是广州某职业中学高一的学生,1999 年 7 月,他和同学何某勇擒劫匪,将歹徒抢走的银行公款悉数追回,受到广州某区人民检察院的嘉奖。

但这位少年英雄,在初中曾经是个问题学生,创下了出走37次的纪录,迷恋打游戏,逃学、斗殴,结识社会上的"烂崽"。

一天,李某因为坚决不出卖哥儿们被几个对头一顿痛打,昏了过去。当他醒来后,他第一时间想到的是强忍剧痛给班主任卢老师打电话。

卢老师急忙赶过去,虽然因为太着急而扭伤了脚,但她毫不顾惜自己,马上把李某送进医院。

办好手续后,卢老师留下来悉心照顾李某。李某哽咽着问卢老师:"我是差生,你为什么还要管我?"卢老师说:"差生也是人,起码你自己得把自己当人看。"卢老师劝李某不要再这样混下去,否则会丢了小命的。

李某出院后,又有对头找他和他那些哥儿们算账,他的那些哥儿们不顾他的恳求,甩开他不管,只顾自己逃命。幸亏他的对头没认出他来,才侥幸逃过了一劫。

李某开始反省:自以为两肋插刀的朋友,在危难时弃之不顾;而我这样一个屡教不改的问题生,卢老师却一直关心我,我得把自己当人看!自此,李某努力学习,尽自己最大的努力又考上了高职院校。"不知怎的,看到卢老师,我想哭。"李某说,"是卢老师帮我找回了做人的尊严与价值。"

在这个案例里,李某是个颇为典型的"问题生",但对这样的学生,卢老师并没有遗弃他,仍然不顾自己的疼痛去关心他,诚恳地劝告他。卢老师的关爱,让李某发自内心地感动,出了事后,李某第一个想到要找的、要倾诉的是卢老师。

老师的无私、老师的宽容、老师的不辞辛苦让人感动。与那些丢下李某逃命的所谓哥儿们相比,卢老师要高尚多少倍,简直不可相提并论!

也许,老师的付出,不是题目中的一句"老师,你辛苦了"所能表达得了的,但我们暂且还是这样说吧。老师,"传道授业解惑"。老师不但教给我们知识,还是我们心灵的塑造者,老师教给我们做人的道理,指引我们正确的人生道路。

我们没有理由不尊重老师。

二、师生心结　主动化解

(一)师生之间出现冲突的常见原因

师生之间有时候是会出现矛盾的,这种矛盾随着学生年龄的增长会显得越来越普遍,越来越明显。随着学生知识的增加与师生之间交往的频繁,特别是学生独立意识与自尊心的进一步增强,师生之间常常会出现矛盾。这种矛盾有的可能在短时间内消失,有的可能越来越严重,以致形成偏见或成见,引发学生的逆反情绪,出现对立、顶撞、僵持的局面。

职校师生之间出现矛盾的原因是多方面的,调查表明,以下六个方面是最常见、最主要的原因。

(1) 学生犯了错误或有了过失,受到老师的批评,而学生并未认识到问题的严重性,对老师的批评不服。

(2) 对老师的决定、做法有看法,或者觉得老师过分严厉,或者认为不够公平,特别是自认为自尊心受到伤害,自身利益未能得到维护的情况下,对老师有意见。

(3) 受同学的影响,对某些老师有看法,甚至暗地形成了偏见,所以也常常流露出对个别老师的不满。

(4) 评价尺度的冲突。即对事物的是非、善恶、美丑、好坏等评价标准各异。一旦师生双方产生分歧甚至对立时,矛盾冲突就产生了。例如,一些学生喜欢把头发染成红色、棕色,在他们心目中认为此举仅是追求时尚;而在老师心目中却认为这是不健康的行为,因而引发矛盾冲突。

(5) 教师观的冲突。即传统的师道尊严与学生的民主自由愿望要求的冲突。

(6) 由不正常情绪引起的师生冲突。人在不良情绪和不健康的心态下往往会把平时不值得追究的问题看得过重,把平时简单平和的问题看得极端复杂。例如,一位学生与班主任发生了口角,此时,另一位老师赶上了此事,上前劝导了该学生几句,这个学生误以为这位老师帮班主任的忙,与两个老师同时发生了冲突。

(二) 师生间冲突的常见表现形式

师生间冲突是校园生活冲突的一种表现形式,是存在于教师与学生之间的一种紧张状态。主要有三种:

(1) 言语上的冲突。表现为师生因认识、情感、思想等方面的严重分歧和矛盾激化,采取直接的语言上的对抗。

(2) 行为上的冲突。当学生不服从老师管教时,或老师多次批评学生仍不改时,老师对学生实行站立、没收物品等强制式的行为塑造而引起学生的反抗。

(3) 心理上的冲突。即老师对有不良行为的学生采取的心理惩罚,如漠视、不理会、言语讽刺等。

当你和老师的关系亮起红灯时,千万不要以消极的做法对抗老师和自己,真正聪明的学生要学会自我反思,以积极的心态解决问题,最终赢得老师的赏识。

(三) 师生间避免冲突的方法

如何避免冲突,解开心结?

纵观师生矛盾冲突的双方,老师把握着矛盾的走向,只要老师做到未雨绸缪,领先一步,很多冲突完全是可以避免的。

1. 老师主动化解

（1）建立良好的起点。

老师在与新生第一次见面时，一切都是空白的，老师应抓住这一契机，给学生形成良好的第一印象，进而使学生形成良好的心理定式，让学生尽早地认识老师、认可老师，达到亲其师、信其道的良好境界。

（2）避免不良情绪氛围的产生。

老师应该具备自我调节心态、自我调适情绪的能力，努力在复杂的情绪氛围内，控制自己的情绪，进而避免师生间产生矛盾。

（3）强化情感互动。

加强与学生的交流，决不放弃任何一个与学生交流的机会，也不放弃任何一个与学生家长交流的机会。了解学生的发展要求，谋求与学生实现情感上的认同，能有效地避免师生冲突。

（4）加强自身修养，在学生面前少犯错误。

在学生面前，老师稍不注意，就会暴露出自己的不足。例如，个别老师在学生刚刚打扫干净的地方吐痰、扔烟头；监考时有的老师在考场上睡觉……这类行为都会使老师的形象在学生心目中大打折扣，增加学生的反感情绪。

（5）预防为先。

对那些有"斗争"苗头的学生，要把工作做到前头，提前预警："有事说事，有理讲理，决不在课堂上与老师发生冲突。"

（6）不要透支威信。

威信是一种无形的力量，有效使用威信，可以帮助你打开工作局面；相反，如果过分地使用你的威信，则会适得其反。

（7）发展自己，完善自己。

对于老师来讲，赢得学生的最佳因素是德、才、学、识，即综合素质。教师的职业要求教师要不断学习，终身学习，储存实力。有实力才有影响力，有实力才有说服力，有实力才有魅力。

（8）对问题学生正确分析，谨慎处理。

问题学生的存在是客观的，否则教育工作也就失去了存在的意义。综合分析问题学生，可以分为四大部分：一是道德认识不足；二是行为习惯养成教育不够；三是心理存在问题；四是道德品质低劣。前两部分占问题学生的大多数，第四部分占极少数。所以，在教育问题学生时，不轻易将学生定位于道德品质低劣，否则将学生推到对立面去，就容易导致师生间发生冲突。

（9）要学会反思自己的行为。

在埋怨学生不理解老师、不尊重老师、不热爱老师，甚至骂学生忘恩负义、无情无义,骂学生认知迟钝、思维呆板、修养低劣的时候,老师也要反思自己的行为:学生为什么会这样?我们有没有真正理解过学生、尊重过学生、热爱过学生?有没有设身处地为学生想过,体会过他们的感受?有没有倾听过他们的心声?有没有关心过他们的生活?有没有了解过他们的苦闷与困惑?老师只有不断地反思,才能发现工作中的不足。

(10) 要学会转换角度看问题。

不要总站在成年人的角度去看学生的思想、行为和意识,而是要蹲下来与学生平等地探讨问题。人的成长总要经历这样一个过程,有些事情不经历过就不相信,不跌倒过就不会觉得痛,不经受过挫折就不会有深刻的印象,没吃过亏就不会反思,不反思、不觉悟就不会改变原有的想法或做法,就不会形成良好的行为习惯。所以,要解开师生间相互埋怨的怪圈,老师要反躬自问、转换角度看待学生;以宽广的胸怀包容学生成长中的种种问题,以真诚的情感关爱学生的成长历程。

2. 学生主动化解

(1) 冷静观察,沉着应对。

当师生间发生冲突时,学生作为当事人的一方,心情一定很不好受,此时,最好的办法是控制一下自己的情绪,以静制动,以不变应万变,千万不能乱了方寸,语无伦次,甚至以怒制怒。

(2) 转移视线,寻求第三条路。

矛盾双方发生冲突,寻找其他老师或学生作为外援,可帮助自己解决与老师的矛盾。

(3) 理智地退一步。

俗话说,退一步海阔天空。特定情况下,作为学生,先让自己冷静下来,理智地让一步,不但尊重了老师,而且体现出自己良好的素质,并能赢得老师和同学们的认同。

(4) 果断结束,减少消耗。

在冲突进入初始阶段,要设法、果断地结束冲突。不要与老师争一时之高低,早结束比晚结束好。

(5) 增进师生关系,主动交流。

沟通产生理解,理解产生信任,信任就会化解矛盾。学会换位思考,礼貌待师,勿失分寸。

要解开师生之间的心结,需要师生向着共同的目标努力。彼此都要清楚,"爱"不是简单的一种心态、一种行为,不是只要付出就一定有收获;"爱"是相互的、彼此的,只有师生之间产生信息上的共识、心灵上的共鸣,"爱"才能奏效!

三、亦师亦友　和谐相处

（一）尊敬老师

学生应起码做到以下几点：

（1）学好每门功课。这是学生对老师的最大尊敬。

（2）听好每节课。

（3）做好每项作业。

（4）从细节做起。

（二）学生要学会与老师交朋友

作为学生，平时要做到：

（1）尊重老师，尊重老师的劳动。

（2）勤学好问，虚心求教。

（3）正确对待老师的过失，委婉地向老师提意见。

（4）诚实谦虚，有错要主动承认，并及时改正。

（5）关心、体贴老师，主动帮助老师做一些力所能及的事。

（三）老师要与学生交朋友

作为老师，平时要做到：

（1）多与学生接触，这是前提。师生对话需要平等，沟通更要真诚。熟悉学生，多与学生交流，特别是生活上的交流，可帮助老师迅速走进学生的内心世界。要建立亦师亦友的师生关系，就要善于与学生对话，同时要始终遵循"表扬要真诚，批评也要真诚"的原则，这是建立和谐师生关系的重要前提。

（2）多从细节入手。平时多关注学生的情感变化，多留意学生的课堂反馈，课下可有针对性地进行一对一的沟通和交流。

（3）多换位思考，理解学生，关爱学生。职校生在成长过程中，思想、行为都有不成熟之处，要懂得学生的苦衷，换位思考，理解学生。

（4）要多参与学生活动。可在适当时间与学生一起打打球或者跑跑步等，和学生一起参与课外活动。要建立亦师亦友的师生关系，就要舍得花时间和学生相处。课余时间可以将自己融入学生的生活中去，关心学生的学习和生活，帮助他们及时解决在学习和生活中遇到的困难。这样学生才会把老师当成他们的一分子，会和老师说他们的真心话和以前不敢告诉老师和不愿告诉老师的一些小秘密，师生间就会亲密无间。

（5）要转变教学观念。在实际的教学过程中要注重师生互动，要适当给予学生参与课堂教学的机会，并积极听取学生的想法和意见，这样做能提高学生的学习兴趣和思维能力,同时让学生感受到老师对自己的信任和认可,长此以往,这种亦师亦友、默契的师生关系会在这种良好的氛围中慢慢形成。

◆ **心理阅读**

老师,我想对你说

1. 老师,我希望你是一个有感情的人,而不仅是一架教书的机器。
2. 老师,请你不仅要教书,而且要教我们做人。
3. 老师,请您也把我当人看待,而不仅是您记分簿上的一个号码。
4. 老师,请您不要单看我的成绩,更要看我背后的努力。
5. 老师,请您经常给我一点鼓励,不要让您的要求超过我的能力。
6. 老师,不要期待我只喜欢您的课;至少对我,别的课可能更加有趣。
7. 老师,请辅助我学会自己思考、自己判断,而不仅是背诵答案。
8. 老师,请您耐心地听听我所提出的问题。这些问题在您听来也许可笑,但只要您肯听我说话,我才能向您学习如何耐心听别人说话。
9. 老师,只要您保持公正,您可对我尽量严格些。老师,尤其在同学面前,请别耻笑我。私下一句温柔的劝告,对我更加有效。
10. 老师,请您记得,以前您也是学生,您是否有时也会忘带东西,在班上您是否样样第一?
11. 老师,您也需要学;您不学,我怎能从您那里学到更新的东西?
12. 老师,我心中感激;但您不要期待我口头上常说:老师,谢谢您。

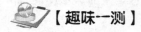【趣味一测】

师生关系测试题

这是一份有关你与老师相处过程中行为困扰问题的测验。请根据自己的实际情况,若回答"是"记2分,"否"记0分,"介于两者之间"记1分,并填入下表中。

1. 你经常不能明白老师的讲解。(　　)
2. 某位老师对你感到讨厌或你讨厌某位老师。(　　)
3. 老师常以纪律压制你。(　　)
4. 老师上课不能吸引你。(　　)
5. 老师不了解你的忧虑与不安。(　　)
6. 你的意见常被老师不加考虑地反对。(　　)

7. 老师把考试成绩的高低作为衡量学生优劣与奖惩学生的尺度。（   ）

8. 你找不到一位能倾诉内心隐秘的老师。（   ）

9. 老师常讽刺或嘲笑你。（   ）

10. 老师常给你增加学习负担。（   ）

11. 某位老师对你有点冷漠。（   ）

12. 你的思想常被老师支配。（   ）

13. 你在学习上的创造性见解常得不到老师的肯定。（   ）

14. 老师常让你感到紧张与不安。（   ）

15. 老师常误解你的行为而批评你。（   ）

16. 老师无法帮助你改进学习方法。（   ）

17. 老师很少与你倾心交谈。（   ）

18. 你常屈服于老师的命令与权威。（   ）

师生关系自测答案表

	题目/分数							小计	总分
A	题目	1	4	7	10	13	16	小计	总分
A	分数								
B	题目	2	5	8	11	14	17	小计	
B	分数								
C	题目	3	6	9	12	15	18	小计	
C	分数								

记分与解释：

上表中，总分为A、B、C三个分项分数之和。总分表示你在师生关系上行为困扰的程度。

若总分为24～36分，表明师生关系困扰程度严重或较严重；若总分为9～23分，表明困扰程度中等；若总分在9分以下，表明困扰程度较少或很少。

下面是从三个侧面对师生关系做进一步的分析。

A的分数表示在教学过程中师生关系的困扰程度。其中，7～12分表明程度严重或较严重；4～6分表明困扰程度中等；3分以下表明困扰程度轻微或没有。

B的分数表示在师生情感距离上的困扰程度。其中，7～12分表明困扰程度严重或较严重；4～6分表明困扰程度中等；3分以下表明困扰程度轻微或没有。

C的分数表示在师生之间地位关系上的困扰程度。其中，7～12分表明困扰程度严重或较严重；4～6分表明困扰程度中等；3分以下表明困扰程度轻微或没有。

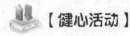【健心活动】

你了解老师吗?

"老师"是同学们再熟悉不过的一种称呼,从我们上幼儿园起,他(她)们就陪伴在我们身边,不辞辛劳地教我们文化知识和做人的道理。有人将学生比作小树苗,将老师比作园丁,这个比喻非常贴切。老师到底是什么?你了解老师吗?下面就让我们去采访一下身边的老师。

尊敬的老师:请您抽空回答下列问题。谢谢!

1. 您如何形容老师这个职业?
2. 生活中最让您快乐的事情是什么?最让您烦恼的事情是什么?
3. 您心目中的好学生是什么样子的?
4. 您的兴趣、爱好是什么?
5. 您喜欢看的书或喜欢听的音乐是什么?
6. 在与学生的接触中,您觉得最难处理的事情是什么?
7. 您希望在学生心目中是怎样的一个人?
8. 您目前最想做的事情是什么?
9. 对您影响最大的人是谁?
10. 回顾您的成长经历,您最想与我们分享的成长体会是什么?
11. 您觉得最理想的师生关系应该是怎样的?
12. 您最遗憾的事情是什么?
13. 您最得意的事情是什么?
14. 如果学生达不到您的期望,您会如何看待这个学生?
15. 其他(   )

通过采访,你对"老师"产生了什么新的看法?

老师欣赏你吗?

作为一名学生,你觉得自己得到了老师的欣赏和喜爱吗?为什么?在这方面,你还可以做什么?

第四节　珍视亲情　学会感恩

【心事心语】

母亲的独白

孩子！当你还很小的时候，我花了很多时间，教你慢慢用汤匙、用筷子吃饭，教你系鞋带、扣扣子、滑滑梯，教你穿衣服、梳头发、擤鼻涕。这些和你在一起的点点滴滴，是多么地令我怀念不已。

所以，当我想不起来、接不上话时，请给我一点时间，等我一下，让我再想一想……极有可能最后连要说什么，我也一并忘记。

孩子！你是否忘记我们练习了好几百回，才学会的第一首娃娃歌呢？是否还记得每天总要我绞尽脑汁，去回答不知道你是从哪里冒出来的问题的呢？

所以，当我重复又重复说着老掉牙的故事，哼着你孩提时代的儿歌时，体谅我，让我继续沉醉在这些回忆中吧！期望你，也能陪着我闲话家常吧！

孩子，现在我常忘了扣扣子、系鞋带，吃饭时会弄脏衣服，梳头发时手还会不停地抖。

不要催促我，要对我多一点耐心和温柔，只要和你在一起，就会有很多的温暖涌上心头。

孩子！如今，我的脚站也站不稳，走也走不动。所以，请你紧紧地握着我的手，陪着我，慢慢地，就像当年一样，我带着你一步一步地走。

读了这则材料你有什么感触呢？

我的感触：

【心理课堂】

一、浓浓亲情　相伴一生

亲情是指亲属之间的那种特殊的感情,不管对方怎样也会爱对方,无论贫穷或富有,无论健康或疾病,甚至无论善恶。它有两个特点:一是互相的,不是专一的;二是立体的,不是单方面的。"亲情"重在"情"字,它是人世间最美的一种情感。

也许亲情很微妙,也许爱微不足道,但正是这平日中的一点一滴的爱才汇聚成浓浓的亲情,有人在家等着你,有人无微不至、无怨无悔地为你付出,不管我们身在何处,他们都会把我们深深牵挂,不管我们飞得多远,他们都会一直等我们回家,这就是爱,这就是亲情。

家庭是我们成长的摇篮,是我们的港湾和第一所学校;父母是我们最亲的人,也是我们的第一任老师。在家庭中,我们尽享亲情和温暖。在我们成长的过程中,爸爸妈妈付出了许许多多的汗水,爸爸妈妈每时每刻都在爱着我们。他们用自己的实际行动表达了对我们的爱。

我们每个人都从父母那里得到许多,如放学回家有饭吃,衣服旧了有新的换,开学要交学杂费……提供这一切的父母不容易啊!

有位哲学家说过,世界上最大的悲剧或不幸,就是一个人大言不惭地说没有人给我任何东西。希望同学们在享受家庭温暖的同时,不要忘记献上自己的一份爱,承担起对家庭的责任。

学会感恩,首先要从热爱家庭做起。感谢父母,赐予生命,并不求回报地疼爱着我们。对他们感恩的唯一方式就是,做一个尊重父母、懂事的人,与父母和睦相处,做家庭幸福的建设者。

◆ 材料分享一

什么是亲情？它是人世间最美最动人的感情

亲情是什么？亲情就是《知否》里"父母之爱子,则为之计深远"。亲情就是孟郊眼中的"谁言寸草心,报得三春晖"。亲情就是韩愈眼中的"白头老母遮门啼,挽断衫袖留不止"。亲情就是王维眼中的"独在异乡为异客,每逢佳节倍思亲"。亲情,是孟子成长路上的"孟母三迁",是岳飞背上刻下的"精忠报国",是朱自清看到的父亲的背影。亲情无时无刻不在,它陪伴我们成长,容忍着你我的遗忘,有时视为理所应当。

当生命的第一声啼哭声响起,亲情就是荡漾在母亲眼眶中的泪水,是绽放在父亲脸上的笑痕;当生命之舟开始摆渡时,亲情就是推动小船向前的双桨,是守候在空中为小船指航的灯塔;当生命之舟即将靠岸,亲情就是那静静的港湾,是那拥抱着你的那静静的流水。

亲情是总为你默默付出的那一个人。

亲情,默默为你付出,包容你的一切过错。它像一滴春日里的甘露,在悲怆的岁月里,滋润疲惫者的身心;像一片夏日里的绿荫,在炎炎的烈日中,撑起迷茫者的蓝天;像一缕秋日里的阳光,在萧瑟的风雨中,温暖失落者的心田;像一场冬日里的白雪,在风尘的旅途中,涤尽跋涉者的征尘。它就是这样,没有杂质,没有距离,更没有虚伪,仅仅是相通的血脉间彼此默默地相互关怀。

亲情是让你拥有努力向上的动力。

当你陷入迷途时,亲情是一声当头棒喝,唤醒你不思进取的心;当你遭遇失败和挫折时,亲情是一剂良药,填补你失落的心;当你陷入误解和仇恨中,亲情是一杯凉水,浇灭你心头的火;当你遇到烦恼和忧愁时,亲情是一阵轻风,吹去你杂乱的思绪。亲情,就是给予你能给予的一切,让你不断地进步和成长。

亲情是花精力呵护关爱我们的人。

树欲静而风不止,子欲养而亲不待。有一种爱,迟了就无法再来;有一种情,走了就无法追溯,这就是亲情!伴随我们出生、成长、成年,从未离开过。小时候,以为有爸妈的疼爱就是亲情;年少时,以为取得好成绩,看到他们脸上的笑容就是亲情;长大后,恍然明白,原来亲情还必须是:当我们说要照顾他们时,他们还努力地为我们分担着、操心着。

亲情,你以湖的平静,抚平我心灵的高低起伏;你以爱的眼光,目送我孤独的远航;你以有力的臂膀,拥抱我感情的经年流浪。你是一种注定的缘分,从早到晚,从近到远,从生到死,相伴一生;你是一首无声的心曲,阳光是你的序曲,月色是你的旋律,烛光是你的音符。你望眼欲穿却情意绵绵,你百感交集却一如既往,你处处皆是却感天动地,你是世间最美最动人的感情,陪伴我一生,割舍不断。

二、正视矛盾　敞开心扉

1. 父母与子女冲突的焦点

在生活中,你可能也发现,以前无比依恋的父母,现在离自己越来越远,感到他们还不如同学、朋友,他们总是理解不了自己的想法;感到他们真保守,整天唠叨不休,什么事都管;感到父母与自己虽然同在一个屋檐下,却近在咫尺,心隔天涯。长大了就真的和父母有"代沟"了吗?这些矛盾真的就不能化解了吗?子女与父母冲突的焦点有哪些呢？

一般地，冲突的焦点有以下几种：

（1）你的学习成绩不太好，不能满足父母的希望，父母老是抱怨你，骂你不争气、不努力、太懒、脑子笨等。

（2）你希望你穿着新潮、追求时尚，父母却不同意，认为你是浪费钱、不懂事、不体谅父母赚钱辛苦等。

（3）你说什么父母都反对，做什么父母都讽刺，父母认为你还是个小孩子，什么都不懂，什么也不会做。

（4）父母说你不尊重他们，不懂礼貌，可是他们很少照顾你的自尊心。

（5）父母老是强迫你做一些你不愿意做的事，在你玩得兴致很高时打断你。

（6）父母老是想干涉你的隐私，不让你有一点私人领地，等等。

一般来说，在孩子与父母的冲突中，父母的出发点都是为孩子好。正如俗话说，"可怜天下父母心"。由于成长的时代与背景不同，思想感情不一致，两代人意见不同、发生冲突是极平常的事。作为儿女，应仔细分析父母与自己冲突的原因，对于正确的意见应该接受，对于不正确的意见应心平气和地解释。

2. 父母与子女冲突的原因分析

两代人之间，为什么常会发生冲突、矛盾呢？据心理分析，这主要因为：

（1）在行为方式上，年轻人富有创新与冒险精神，喜欢当机立断而不加过多的思索，这是他们向社会表明自己已经成年、可以独当一面；老一辈却相当持重。

（2）在生活方式上，年轻人有多方面的选择，喜欢尽可能丰富自己的生活，喜欢选择"沙龙"、舞会之类的交往与约会方式，甚至感情交流也强调要有自己的特色，喜欢款式新颖、色彩鲜艳、富有活力的衣着，喜欢节奏感强、时代气息浓的音乐；这些在老一辈人看来是难以接受的，有的甚至为之大动肝火。

（3）在价值观念上，年轻人对传统大多持怀疑态度，他们有自己的价值评判标准，很少循规蹈矩；而老一辈人却易受传统框框的束缚。

在家中，当你吃着可口的饭菜，是否会感谢父母付出的辛勤劳动？当你穿着漂亮、暖和的衣服，你是否会感谢父母对你的关心呢？也许有的同学会漠视这些来之不易的东西，认为这些是父母应尽的义务。可是你知道吗？为了给你提供这些你毫不动容的东西，父母们每天要辛苦地工作十几个小时，他们付出了多少汗水，他们是何等的辛苦啊！面对父母语重心长的教诲，有些同学会无动于衷，会感到厌烦，甚至会无礼地和父母顶撞。同学们，你们说，你们是不是要与自己的父母融洽相处呢？

3. 子女应学会与父母融洽相处

那么，怎样才能与父母融洽相处呢？

（1）要保持与父母的日常沟通，并与父母经常交流思想。两代人对人生观、世界观和价值观有一致的认识，这是与父母融洽相处、心理相容的基础。

（2）要了解成人心理。年轻人应该懂得：一方面，处于更年期的父母，在生理方面往往表现为疲乏、失眠、心悸等；在心理方面则表现为易怒、好动感情、烦躁不安等。另一方面，父母特别希望儿女尊重自己，如果此时受到子女的顶撞，就会感到格外痛心、难过、怒不可遏，甚至会因此而患心身疾病。因此，做儿女的要设身处地地替父母想想，尽可能心平气和地与父母沟通、讨论，不要惹他们生气。

（3）要善于进行反思。年轻人血气方刚，遇事喜欢只进不退。但是，如果我们遇事能退避三舍，反思一番，就有助于矛盾的解决。

（4）与父母约法三章。可与父母约定：今后彼此间如出现矛盾时，可依据矛盾的内容、程度的不同，分别采取以下措施。

第一，接纳。这种接纳不是被动地强加，而是在真正弄清对方的意见和态度后，感到这些意见亦有合理和现实之处，因而心悦诚服地接受对方的意见。

第二，融洽。即对双方的意见取长补短，以形成一个更为合理的意见。

第三，折中。即将双方的意见结合为一个活动方案，要求双方都有所让步，这是一种比"融洽"低一级的处理方式。

第四，并存。即允许双方各有自己的态度和看法，相互不干涉对方。在并存中，尊重和迁就是双方应具备的态度。

三、温馨家庭　从我做起

爱也罢，恨也罢，父母对自己的"情"是真切和深沉的，世界上没有第二种爱能代替由血缘产生的亲情。

一位哲人说得好："世界上任何事物都可以选择，唯独自己的父母我们无法选择；世界上许多事情都可以躲避，唯独自己与父母的亲情无法躲避。"

我们每个人都有家，人人都希望自己的家温馨和睦。要维系一个幸福的家庭，每一个成员都要尽一份力。

1. 学会并应用与父母和谐交往的小技巧

第一招："读心"术。了解父母，孝敬父母。如在节日或父母生日时送点礼物表达心意，或一同外出联络感情；多利用言语表达你的关心。

第二招："出击"术。每周主动跟父母一起做几件事，边做边交流；让家人一起分享你的喜怒哀乐。

第三招："责任"术。除学习外，还要积极协助父母做家务，主动分担一些家庭责任，比如洗碗、倒垃圾、擦地板等。

第四招："道歉"术。如果有些事情是你做得不对，不要逃避，不要沉默不语，要主动道歉,这样就会得到父母的谅解。

第五招:"写信"术。如果直接和父母对话,可能会惹他们生气,或者没有和父母对话的机会,你可以用写信的方式,在信中写出事情的真相、自己的心情以及对父母的希望等。

第六招:"协议"术。与父母协商签订沟通协议书,在协议书中,除了对自己提出要孝敬父母、尊重父母的要求外,也对父母正确养育、教导孩子的行为提出要求,并随时在家庭生活中进行监督。

第七招:"倾听"术。当被父母批评或责骂时,不要急于反驳,不随意发脾气、顶嘴,避免不小心说出或做出伤害人的事,试着平心静气地先听完父母的想法,这样也许会真正理解你的父母。

2. 做温馨家庭的建设者

(1) 明确自己在家庭中的责任和义务。例如,尊敬孝顺父母;生活自理,减轻父母的负担;关心并帮助弟妹;维护家庭团结。

(2) 尊重、关心父母。例如,尊重父母的人格,维护父母的尊严;尊重父母的劳动和劳动成果,节俭持家;尊重父母的能力,热爱自己的父母;主动关心父母的心情和健康状况;主动、及时地向父母汇报自己的思想和行踪。

(3) 培育生活自理能力。例如,主动承担一些家务;学会自我服务;养成良好的生活习惯。

(4) 主动与父母沟通情感。要打破与父母间敌对的僵局,与父母积极沟通,取得父母的谅解,最好的方法是进行"心理置换",即站在父母的角度考虑一下父母对子女的可能态度。

(5) 合理消费。要养成节俭的好习惯,根据家庭的经济状况和实际需要进行合理消费,并做到以下几点:

① 不攀比。

② 不讲排场,不摆阔气。

③ 穿着朴素大方,不追求高档和名牌。

④ 有计划、有重点地消费。

⑤ 不吃或少吃零食。

(6) 帮助父母做家务劳动。做家务的益处主要表现在以下几方面:

① 有利于培养责任感。

② 有利于培养热爱劳动、珍视劳动成果的好品德。

③ 有利于锻炼意志和毅力。

④ 有利于养成勤劳的作风和培养劳动技能。

⑤ 有利于增强智力。

⑥ 有利于促进身体健康。
⑦ 有利于培养独立生活能力。
⑧ 有利于培养交往能力。
⑨ 有利于培养审美情操。
⑩ 有利于调节家庭气氛,协调与家人的关系。

◆ 材料分享二

没有上锁的门

　　乡下小村庄的偏僻小屋里住着一对母女。母亲生怕遭窃,总是一到晚上便在门上连锁三道锁。女儿则厌恶了一成不变的乡村生活,她向往都市,想去看看自己透过收音机所想象的那个华丽世界。

　　某天清晨,女儿为了追求那虚幻的梦,趁母亲睡觉时偷偷离家出走了。

　　可惜这世界不如她想象的美丽动人,她在不知不觉中走向堕落之途,深陷无法自拔的泥泞中,这时她才领悟到自己的过错。

　　十年后,已经长大成人的女儿拖着受伤的心与狼狈的身躯回到了故乡。

　　她回到家时已是深夜,微弱的灯光透过门缝渗透出来。她轻轻敲了敲门,却突然有种不祥的预感。

　　女儿扭开门时吓了一跳。好奇怪,母亲之前从来不曾忘记把门锁上的。母亲瘦弱的身躯蜷曲在冰冷的地板上,以令人心疼的模样睡着了。

　　"妈……妈……"听到女儿的哭泣声,母亲睁开了眼睛,一语不发地搂住女儿疲惫的肩膀。

　　在母亲怀里哭了很久之后,女儿突然好奇地问道:"妈,今天你怎么没有锁门,有人闯进来怎么办?"

　　母亲回答说:"不只是今天而已,我怕你晚上突然回来进不了家门,所以十年来从没锁过门。"

　　母亲十年如一日,等待着女儿回来,女儿房间里的摆设一如当年。这天晚上,母女回复到十年前的样子,紧紧锁上房门睡着了。

　　其实,母女之间的爱是人世间最宝贵的东西。

　　没有过多的话语,更多的是缄默不语和那份充满期盼、希冀的漫长等待。这种"此时无声胜有声"的默默支持,似乎平凡,却深深触动了那位女儿。

　　有一句话是这么说的,"我们是风筝,一心想飞上蓝天,给我们力量的恰是那根紧扯着我们的线——父母的期望和思念"。它是一直鼓励着我们不断成长、成才的力量、信心和勇气,它让我们能这般坦然地面对人生路上的风风雨雨。

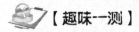【趣味一测】

亲子关系自评量表

欢迎参加亲子关系自我测试。本测试,每道题答案分为A、B、C、D、E五个答案。其中:选A计1分,选B计2分,选C计3分,选D计4分,选E计5分。

建议父母和孩子共同做测试。请父母先作答,并计分,再由孩子作答。然后再逐题比较父母和孩子的分数差异,从中可以看出父母和孩子看问题的不同。

1. 不管我的工作或生活多忙碌,每天我都会留一些时间给子女。
2. 我能经常保持愉快的心情和孩子相处。
3. 我认为孩子是有理性的,能自己面对和解决问题。
4. 和孩子对话时,我甚少使用你应该、你最好否则、你再不我就的语气和孩子交谈。
5. 我觉得孩子能快乐地生活,比成绩好更重要。
6. 我觉得孩子犯错和惹麻烦是成长必经的过程。
7. 孩子说话时,我能耐心专注地听完。
8. 我能经常和孩子有亲密的接触(如摸头、拍肩、拍手、相互拥抱)。
9. 即使孩子犯了错,我也不会因此就认为他(她)是个坏孩子。
10. 我经常给自己和孩子充裕的时间,避免催促孩子。
11. 不论孩子发生什么事,我都能以孩子的立场,分享孩子内心的感受。
12. 亲子间有冲突时,我不认为一定是孩子的错。
13. 我能给孩子充分的自主空间,决定自己的事。
14. 我要求孩子做的事情,我自己都能做到。
15. 我答应孩子的事情,我一定都会履行。
16. 我与孩子谈话时,我能了解孩子内心真正的感受。
17. 我了解孩子内心的喜好和厌恶。

应用原则:

1. 做完测验后,请安排一个温馨的情境,亲子共同讨论与分享。特别是亲子间的回答有明显落差的问题,更需要坦诚讨论,借以减少彼此间的落差。
2. 若总分在60分以下,表示你们的亲子关系已有了危机,须马上调整;若总分在60~80之间,表示你们的相处还算良好,但是还可以更好;若总分在80分以上,恭喜你们,你们的亲子关系很好,请继续保持下去。

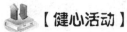【健心活动】

爱的体验

1. 你渐渐长大了,父母为你的成长辛劳了十多年了,请你写几条自己印象最深的关于父母为你辛劳的事例。

A. _____。

B. _____。

C. _____。

D. _____。

E. _____。

……

2. 回忆一下在自己的成长过程中,你为父母做了些什么呢? 请你写几条自己印象最深的关于你为父母做的几个事例。

A. _____。

B. _____。

C. _____。

D. _____。

E. _____。

……

3. 家庭写真。

(1) 父亲:

他的生日是_____。

他的性格_____。

他的爱好是_____。

父亲在家中担负_____等家务,他是个_____的人。

(2) 母亲:

她的生日是_____。

她的性格_____。

她的爱好是_____。

母亲在家中担负_____等家务,她是个_____的人。

(3) 我:

我的生日是_____。

我的性格_____。

我的爱好是_____。

我在家中担负_____等家务,父母对我的期望是_____。

(4) 我认为对家庭贡献最大的人是_____,享受最多的人是_____。

(5) 我与父母和睦相处的时候_____(多于,少于)不和的时候。

(6) 我与父母争吵或冲突的原因往往是_____。

(7) 我的存在给父母的欢乐_____(多于,少于)给父母的负担。

做完以上的填空,我对家的反应是_____
_____。

4. 赞美诗。

创作一首赞美父母的诗送给他们;或给父母写一封信,在感激父母养育、理解父母心情的基础上,把你最想对父母说的话写出来。(对父母的感谢;心里话;对父母的祝福或期望等)

第五节　呵护花季　激扬青春

【心事心语】

莫名我就喜欢你

莫名我就喜欢你
深深地爱上你
没有理由
没有原因
……

有一位男生,上职校以后,感到自己产生了一些奇怪的变化。

他特别喜欢坐在他后面的一个女生,每天都忍不住想回头看她几眼,听到这位女生大声地说笑,他心里就发颤,有一种异样的感觉。

他为自己产生这种念头感到羞耻,以为自己变坏了;又怕其他同学知道后取笑自己,于是就拼命压制自己的想法,不让自己回头。

实在忍不住,就用小刀在自己手腕上划。手腕上虽伤痕累累,但仍然忍不住要回头。

为此,他变得精神恍惚……

你觉得他可能遇到了什么问题? 如果他向你求助,你会给他什么建议呢?

【心理课堂】

一、青春生理　我来看护

（一）青春期的生理发育

1. 青春期的基本概念

青春期是由儿童发育为成人的过渡时期，其年龄范围为 10~20 岁。女孩的青春期年龄平均比男孩早一些。

2. 青春期的内分泌变化

内分泌系统是人体内重要的调节系统，它是由全身不同部位的多种内分泌腺和组织细胞所组成的。激素就是由内分泌腺所分泌的活性物质。人体内的核酸与蛋白质代谢受多种激素共同的调节，故大部分内分泌腺所分泌的激素均对生长有直接或间接的作用，尤其是在青春发育期。

3. 青春期的功能发育

在形态发育与功能发育的相互促进下，青春期身体的发育逐渐成熟，心肺功能、造血功能等也逐渐成熟。

4. 青春期的生理象征

青春期生理上的变化是多种多样的。

（1）形态。

身高迅速增长，一般持续 2~3 年。这期间身高一般以每年 6~8 厘米，多则以每年 10~12 厘米的速度增长。体重也快速增长，青春期前体重以每年平均 2~4 千克速率增加，青春期每年则以 5~8 千克速率增加，体重的增加是骨骼、肌肉、脂肪和内脏迅速生长的结果。此期间，胸围增大，肩膀变宽，骨盆增长。

（2）机能和身体素质。

机能方面，神经系统、肌肉力量等均有加强；身体素质方面，速度、耐力、感受性、灵活性等方面变化很大。

（3）生殖器官及性功能。

各种器官与生理功能也变得较为成熟。青春期呈现第二性征。所谓青春期的第二性征，是跟婴儿期的第一性征相对的。当一个人出生时，在身体外观上就可以看到因性别不同而表现不同的性器官，这称为第一性征。第二性征是到了青春期时才开始出现的性别差异。男性第二性征的表现为皮肤粗糙，肌肉发达，皮下脂肪少，喉结突起，声音变粗，阴毛、腋毛先后出现，长胡须，出现遗精。开始遗精是男性发育成熟的重要特征之一，健康的男性进入青春期均会发生。据现有资料统计，我国男孩首次遗精的平均年龄是 14.1 岁。经过青春期的发育,男孩逐渐变得粗犷、健壮。女性第二性征的表现为皮肤细腻,肌肉不很发达,皮下脂肪丰富,乳房隆起,声调变高,骨盆变宽,臀部变圆,月经初潮和阴毛、腋毛先后出现。月经初潮是女性发育成熟的主要标志,表示能定期排卵,有怀孕的生理能力。据资料统计,我国女孩月经初潮的平均年龄是 13.5 岁。经过青春期的发育,女孩逐渐变得圆润、丰满。

5. 青春期的身体素质发育

青春期的身体素质发育与体育锻炼程度密切相关,尽管男女之间在素质发展方面存在一定的性别差异,男孩在速度、力量、耐力等方面越过女孩,女孩则以柔韧、协调及平衡性方面见长,但女孩在坚持体育锻炼和科学训练的基础上,也可克服生理上的不足,大幅度提高身体素质水平。

(二)青春期生理的自我呵护

1. 男生生理的自我呵护

(1)青春痘。

有 60% 左右的青少年会长青春痘,有的人要到 30 岁以后才会消散。青春痘并不影响身体健康,只是一个人在发育过程中出现的一种征象。如果长得太密并已发炎,就要进行治疗。到现在为止,虽没有有效方法可以防止青春痘的发生,但是,出现青春痘后,适当照料或尽早治疗,仍可控制病情发展。万万不可挤、抓、捏患处,以免细菌侵入而引起发炎,造成不良后果。平时注意以下几点,也可有效减少青春痘的生长。

① 多吃清淡食品,少吃油腻和甜的食物。要尽量少吃葱、蒜、辣椒、咖啡等有非常刺激性作用的食品,多吃一些富含纤维素和维生素 B、C、E 的食品,不吸烟,不喝酒。

② 避免精神紧张,保持乐观情绪。

③ 时常保持皮肤清洁。常用温水和无非常刺激性肥皂洗涤脸部。用毛巾轻轻摩擦皮肤,使皮脂排泄出来。不要用雪花膏和其他油脂类化妆用品擦脸,以免梗阻皮肤毛囊孔和皮脂腺开口,加重症状。

(2)遗精。

遗精是男性生殖腺开始成熟的标志,是一种生理现象。男孩子首次遗精的年龄一般在 14~16 岁,18~20 岁精子制造达到高峰。有些男生对遗精有不正确的认识和心理反应。由于受传统观念的影响,不少人认为遗精会失去身体的精华,伤了元气。一有遗精,便感到不安、苦恼、羞愧、厌恶、恐惧等。实际上男性进入青春期后,睾丸会源源不断制造出精子,精满则自溢。据统计,80% 的未婚男青年都有过遗精。一般说来,年轻健康的未婚男子一个月遗精四五次是常有的事,有些人在一段时间内几个月都不发生遗精也很正常。但如果一两天遗精一次,就属于遗精频繁,这就不正常了,应当请医生检查并治疗。

为了防止遗精次数过多,要注意做到以下几点:

① 要把精力放在学习上,课余时间积极参加文体活动,不看宣扬色情的书画,不听色情的故事,以分散对性的注意力。

② 注意个人卫生,加强体育锻炼,要按时睡眠,按时起床,养成良好的生活习惯,勤洗澡,特别要注意外生殖器卫生。

③ 如有手淫的不良习惯,必须坚持克服。如有包皮过长、尿道炎、前列腺炎等症状,要及时治疗。

（3）手淫（自慰）。

在青春发育期,许多人有手淫（自慰）行为。手淫对身体到底有多大危害,这是广大学生关心的问题。从医学观点看,偶尔手淫对身体没有什么危害,一般不会引起身体疾病。但手淫易形成习惯,而一旦染上手淫习惯,就会造成不良后果。职校生染上手淫习惯后,因为不能克制自己而十分苦恼,并产生羞耻、自卑、自责、悔恨和恐惧感,这种心理对身体健康的危害更大,从而导致精神萎靡不振、头昏脑涨、记忆力衰退、腰酸腿软、失眠多梦等神经衰弱症状。经常手淫,对男生来说,会使神经系统负担过重,性神经系统衰弱,导致频繁遗精、早泄,甚至阳痿。

从科学卫生的角度来说,自慰是一种自我心理慰藉,在一定程度上能宣泄能量、缓解性紧张、保持身心平衡、避免性犯罪和不轨行为,因此,适当的、有节制的自慰是无害的。但自慰也不可无度,过多沉溺于自慰也会有不利影响,纵欲难免伤身。总的来说,自慰行为利弊兼有,不属于道德败坏,职校生应该正确对待。

2. 女生生理的自我呵护

（1）月经。

月经是女生生理发育到特定阶段后周期性地出现的生理现象。月经期间及月经前的几天是女性生理曲线的低潮期,表现为身体耐受性、灵活性下降,容易感到疲倦,情绪易波动,是一个需要加倍呵护的特殊时期。许多青春期女生都被这个特殊时期困扰过或正在被困扰着,不能正确接受这些生理变化,认为月经是件"倒霉"的事,尤其是伴有痛经的女生,会产生恐惧、抑郁甚至憎恨的心理。因此,女生的生理保健至关重要。那么,在月经期间有哪些注意事项呢?

① 饮食有节。

月经期需要补充营养,饮食宜清爽温和,容易消化,不要吃得过多,也不要吃冷的食物,否则易引起痛经、月经过多或突然中断等。不要吃太多辛辣的食品,以减少子宫出血。多喝开水,多吃水果和蔬菜,保持大便通畅。

② 清洁卫生。

月经期应保持外阴清洁,每晚用温水擦外阴,不要洗盆浴,最好洗淋浴,使用安全、卫生有保障的卫生巾,内衣要经常更换,减轻血垢对外阴和大腿内侧的刺激。大便后,从前往后擦拭,以免污垢进入阴道,引起阴道炎或子宫炎症。

③ 调节情绪。

情绪对月经的影响尤为明显。月经期间一定要保持情绪稳定,心情舒畅,可多听听音乐,做一些喜欢做的工作。

④ 劳逸结合。

月经期间可以从事正常的学习、一般的体力劳动,以促进骨盆的血液循环,减轻腰背痛和下腹部的不适,但应避免重度体力劳动和剧烈的运动,以免导致骨盆充血、月经过多、月经延长、腹痛酸胀等,还要保证充足的睡眠,以保持身体健康。

⑤ 请勿滥用药物。

若月经期间肚子疼得受不了或出血过多,就要看医生,不能自己滥用药物。

⑥ 注意保暖。

注意气候变化。月经期间抵抗力下降,要注意保暖。避免淋雨、涉水、游泳、冷水沐浴,也不要坐在冰凉的地面上。

⑦ 做好月经记录。

仔细记录月经来日,推测下月来日情况,便于早期发现月经不调、妊娠等。

(2) 节食与减肥。

有些女生为了身材苗条开始节食。如不吃早餐,不吃鸡肉、鱼、蛋等,长久下去,大脑缺乏正常的物质补充,导致智商降低、贫血、胃痛等。所以要合理安排生活,吃营养丰富的食品。早餐要吃好,中餐、晚餐不要吃过饱,多参加足够的体育活动,勤用脑子,才是有效的减肥方法。

◆ 材料分享一

女生自我保护12招

1. 提高警惕性,提防以恶意出现的坏人,也要警惕以"善意"出现的"伪善人"。独自在家,注意关门,拒绝陌生人进屋。对自称是服务维修的人员,也要提高警惕。

2. 不要一个人或少数几个女同学到公园、河边、树木等偏僻的场所去看书或玩耍。外出时应了解地理环境,尽量在安全路线上行走。不要独自一人外出。外出时一定要告诉父母你要到哪里去,是与哪些人一起外出的。随时与家长保持联系,未经家长许可,不可在别人家留宿。晚上如果需要留宿在女同学家里,一定要留心门是否扣好。

3. 不要一个人或少数几个女同学招手搭便车。

4. 不要去各种酒吧或歌舞厅等成人娱乐场所。

5. 与家长闹别扭时切不可赌气离家出走。碰到一些不如意的事,要保持冷静,要寻求家人的理解和帮助。

6. 衣着不要太袒露。

7. 不要占小便宜,对熟识的人表现出的过度殷勤要小心。不可随便饮(食)用陌生人给你的饮料或食品,谨防有麻醉药物;不能随便接受他人的礼物,不要在小恩小惠面前丧失警惕,不要贪图享乐。

8. 在陌生的场所问路时,不要独自跟着愿意带路的人走。外出时要注意周围动静,不要和陌生人搭腔,如有陌生人跟随,应尽快向人多的地方走。

9. 记住在没有病人家属或女护士在场的情况下,男医生不能对女病人的下身进行检查(医院有规定)。

10. 应该避免单独和异性在家里或宁静、封闭的环境中会面,更不要有什么亲昵的举动,单独在一起相处的时间也不宜过长。

11. 不读黄色手抄本或淫秽色情书籍、刊物、画报,不看黄色录像。尽量少上网聊天,特别是视频聊天,坚决不和网友见面。

12. 如本身做错了什么事,不要让人作为把柄,以此威胁你,听任摆布。不要让人随便接触你的身体,不管是否认识,尤其是单独相处时,一定要注意自我保护。如果碰上有人故意碰你的身体,一定要严厉制止!

要走好每一步,洁身自好。老师和父母对你的提醒也好,忠告也好,指责也罢,要充分理解这是对你的爱护,一定要学会自我保护!

二、花季心理 我要呵护

(一)青春期生理发育及对心理的影响

1. **外形剧变对心理发育的影响**

有的同学会因自己不匀称的体型而忧虑、苦恼,甚至形成孤僻的性格;有的同学为了避免别人的议论而很少与人交往;有的女生因体态的变化,如乳房的突起、臀部的宽大而害羞,并限制自己的活动范围。

2. **性成熟对心理发育的影响**

青春期由于性激素分泌增多,产生性的生理冲动,人也变得性感。对于女生来说,尽管事先了解性的知识,但是对于月经初潮的突然出现,还是会感到强烈的不安和恐惧,有些女生对月经初潮产生不洁感,表现出焦虑不安;对于身体的女性化,有些女生害羞,因而故意驼着背;有些女生甚至会陷入孤立状态中或产生自卑感。对于男生来说,有些男生在女生面前喜欢表现自己,不愿教师或家长在女生面前批评、指责自己;情感上愿意接近女生,但在行动上又故意疏远,处于一种矛盾的心理状态;有些男生由于梦遗而悔恨、恐惧,认为是一种见不得人的行为。不管是男生还是女生,都已开始意识到两性的关系,他们开始对异性产生兴趣。例如,比过去更爱美,注意自己的外表、仪容、爱照镜子、爱打扮等。

3. 青春期的心理独特之处

青春期是心理发展的一个重要转变期。尽管他们在生理上已经渐趋成熟,但心理上仍然很幼稚、单纯。主要表现在以下几点:

（1）自我意识迅速发展。开始把本身作为思虑对象;开始注意穿着,喜欢照镜子,并十分注意周围人的眼光、态度及对自己的评价等。

（2）性意识迅速觉醒。一方面,对本身的性别特征十分关注,对性心理一系列变化而感到诧异、兴奋或困惑、惶恐;另一方面,对异性的感情发生一系列变化,由儿童期的厌恶、疏远到亲密而接近等。

（3）情绪、感情丰富易变。感情体验丰富,对新鲜事物充满情趣,但起落较大。

（4）从思维发展来说,逻辑思维已经在一定程度上占有上风,思维的独立性和批判性也有显著的发展。

（5）在意识活动方面,常立志、无常志,果断与轻率同时并存。

（二）青春期的心理保健

1. 树立自信心

（1）要按自己的真实情况制订奋斗目标,目标不可太远,不要拿自己与最佳的同学比,要拿今天的自己和昨天的自己比,这样就会有成就感,就会增加自信心。

（2）要善于发现自己身上的长处,要看到点滴进步,振作精神,迎难而上。

（3）要多与教师、家长、同学亲近和交流,在和谐的环境中学习、成长。

2. 走出郁闷的阴影

（1）积极参加集体活动,丰富精神生活。

（2）学会自我安慰、自我调节,遇到不兴奋的事,多从好的、积极的方面着想,保持乐观开朗的情怀,做情绪的主人。

（3）向榜样人士学习,多阅读报纸、杂志以及一些优异的文学作品,以开阔气度,不过度自责、自卑、自怜。

3. 矫正焦虑的心理

（1）要自信,确信本身有能力取得好成就,消除焦虑,保持乐观的心态。

（2）善于自我减压,以平常心投入学习与考试。

4. 增强耐挫力

（1）树立正确的挫折观,正确地认识、对待挫折,因为前进中的挫折是不可避免的,挫折未必就无益。挫折可以使人"吃一堑,长一智",从败绩中得到教训,从而变得更坚强、更成熟。如果把挫折看作磨砺人的生活、增长才干的好机会,就能将挫折变为动力。

(2) 要练就正确对待挫折的办法。

5. 鼓起竞争的勇气

(1) 培养豁达的人生态度,以平常心看待别人的优点,同时,全面地认识自己,找到自身的长处,扬长避短,开拓潜能,力争从病态的自尊和自卑中解放出来。

(2) 将嫉妒的消极心理转为竞争的积极心理,鼓起竞争的勇气,努力取得优异的成就。

(3) 真诚地与同学交往。与同学坦诚相见、讲真心话,加深相互间的信任,消除嫉妒的心理。

6. 培养健康的性心理

(1) 能正确认识和接纳自己的性别,能成功扮演好自己的性别角色。例如,男生要具有阳刚之气,女生要有阴柔之美,并对自己的性别角色感到自豪。

(2) 有正常的性欲望。性欲望是一个人获得性爱和性生活的基础和前提,因此一个性心理健康的人应该具有性欲望,而且其正常的性欲望的对象应指向成熟的异性而不是同性或其他替代物。

(3) 与同龄人的性心理发展水平相差不大。性心理发展具有阶段性,如果一个人的性心理发展水平与大多数同龄人不同,那么他的性心理可能存在问题,就不能与异性保持和谐的人际关系。渴望与异性交往并保持和谐的关系是职校生很自然而正常的性需求。

三、美好爱情　等待成熟

青春是一个让人产生许多美好联想的字眼,然而,青春期却是一个令人担忧,又让许多人困惑、不解的成长阶段。青春期的异性关系更是一个绕不开的话题。

在青春期产生对异性同学的好感,想与异性同学交往,这是青春期性心理发展之必需,是青春期学生非常正常的心理。这不是什么羞耻、下流的事情,因此,同学们如果出现这样的情况,无需紧张、害怕。关键是要分清友情与爱情的区别,要掌握与异性同学交往的正确原则和方法。

1. 友情与爱情的区别

友情是广泛的,爱情是唯一的。友情是爱情的基础与前提;爱情是友情的发展和质变。关于友情与爱情的区别,日本一位心理学者提出了五个指标,可供参考。

(1) 支柱不同。友情的支柱是"理解",爱情则是"感情"。

(2) 地位不同。友情的地位"平等",爱情却要"一体化"。

(3) 体系不同。友情是"开放的",爱情则是"关闭的"。

（4）基础不同。友情的基础是"信赖"，爱情则是纠缠着"不安"。

（5）心境不同。友情充满"充足感"，爱情则充满"欠缺感"。

一般地说，每个人在交往中，只要不欺骗自己，能好好地反省自己内心的情感动向，依据上述五个指标，仔细地观察、反省，并做综合分析，对友情与爱情是可以正确地辨别的，在友情和爱情的岔路口可以准确定向。

2. 要学会与异性适度交往

（1）分清友谊与爱情的区别。

（2）转移注意力，把注意力转移到学习上来。

（3）树立远大的目标和近期切实可行的目标，把时间和精力放在对目标的追求上。

（4）多参加集体活动，在活动中充实自己。

（5）为对方的前途和自己的前途着想。

（6）多交一些朋友，多看一些优秀的文艺作品，从中得到解脱。

3. 男女同学交往要注意的问题

（1）自然交往。像对待同性同学那样对待异性同学，像建立同性关系那样建立异性关系，像进行同性交往那样进行异性交往，切不因为异性因素变得不舒服或不自然。

（2）适度交往。异性交往的时间、地点、程度和方式，要恰到好处，应为大多数人所接受，做到自然适度，心中无愧。切忌过于频繁地单独交往。

（3）坦诚交往。这是指异性交往的态度问题，要像交同性朋友那样坦诚结交真朋友。

（4）距离交往。虽然是结交真朋友，但在与异性同学交往中，所言所行要留有余地，不能毫无顾忌。如敏感话题要回避，身体距离不能太靠近，更不能轻浮地触碰对方，以免引起误会。

在青春期，总有一种关怀让我们心存感激，总有一种放弃让我们难以割舍，我们不可能不走过这段复杂的心路历程。要知道，青春期的青苹果，谁摘了谁就会品尝生活的酸涩。如果错过了今天的感情，还有明天的"芳草"；如果错过了最佳充电时间，我们将抱憾终身。青春年华里，我们可以尽情享受阳光雨露，汲取丰富的知识营养，努力追求我们的崇高理想。

记住鲁迅的一句话："不要只为了爱——盲目的爱——而将别的人生的要义全盘疏忽了。"

◆ <u>材料分享二</u>

走过花季

16岁的姜某升入了职校一年级。一天，为准备学校的运动会，班里挑选了几名同学到操场上进行训练,姜某也在其中。休息的时候,他无意中发现有个女生在练习跳高,她那优美的身姿一下子就深深地吸引了他。于是,他走了过去,想把女孩看得更清楚一些。这一看不要紧,他的心"怦怦"直跳。原来,这个女孩是他的同班同学宋某。宋某长得那么清纯、可爱,尤其是脸上的笑容更是动人。姜某暗想:"为什么过去没有注意到她呢?"

宋某似乎觉察到有人在看她,于是转过头去看了一眼姜某。姜某急忙绽开笑脸,向她点了点头。宋某的脸"刷"地一下红了,心里莫名地慌乱起来。姜某脸上的真诚和憨厚,让宋某对他顿时生出好感。

从那天起,两个人的心再也无法平静。每天都找寻着对方的身影,听到对方的声音就会脸红心跳。可是,他们又把这份感情埋藏在心,谁也没有勇气挑明。

姜某被早恋的情愫折磨着,他几次想向宋某表白心迹,但有些腼腆的他又不知怎么开口。他只能默默地帮宋某做事情。过了一段时间,姜某再也沉不住气了,因为班里有别的男生向宋某大献殷勤,他感到了威胁。于是,在一天放学的路上,他拦住了宋某,将一封求爱信交给了她。

宋某躲到没人的地方,悄悄地看了这封信。其实,她早就在等着姜某表白的这一天了。第二天,两个人在学校见面后,双方眼里都多了些内容。从宋某的目光中,姜某读懂了她的心思。姜某激动极了,一整天都处于兴奋之中。

他们就这么相恋了。这份感情很纯、很真,没掺杂任何功利。一对少男少女被美妙甜蜜的爱情陶醉着,有时,上课时他们也会互相交换眼神,会心地一笑。他们的秘密很快就被同学们发现了,有人告到了老师那里。刚16岁就谈恋爱,这还了得?老师严肃地批评了他们,并通知了家长。姜某的父亲是名军人,母亲是名教师,他们从小对姜某要求很严,没想到他竟然早恋。被气坏的父亲狠狠地打了姜某一巴掌。

第二天,姜某悄悄地将宋某约到了校外,告诉他自己被打了。宋某说,她的父母也对她一顿猛训,并不许她和姜某再来往。两个人相互望着:"怎么办?"过了一会儿,姜某拉住宋某的手说:"我们的感情没有错,家长和老师之所以反对我们,是怕早恋影响学习。我们相约,现在一切以学习为重,感情绝对不能影响我们的学习。"宋某用力点点头:"好,一言为定。"

从此,他们在心底保留了这个秘密,在大家面前表现得也很疏远,甚至不说一句话。在专业学习上,他们则比过去更加刻苦了。两个人的成绩不仅没有后退,反而有了进步。

异性交往应把握好度,应保持一定的距离。距离是一种美,也是一种保护。爱情是甜蜜的,也是幸福的,要让爱情之花开得鲜艳,就要让它在恰当的季节开放。

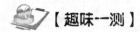【趣味一测】

趣味恋爱小测验

测验1：你属于哪种恋爱类型？

当你处于苦恼中想找人倾诉时，你觉得哪种类型的朋友最合适呢？（　　）

    A. 默默听你倾诉的朋友

    B. 给你适当建议的朋友

    C. 邀你一起去玩的朋友

    D. 与你同病相怜的朋友

    E. 假装不理会你，让你自己静一静的朋友

选项解释：

    A. 默默承受型。你喜欢那种默默听你说话、默默关心你的人，因此，那种因为爱你而甘愿为你牺牲的人，最容易打动你的心。

    B. 实事求是型。你太过实事求是，就连约会时吃饭、喝茶的场所都必须事先决定好才行。因此，谈起恋爱来必须有一本正确无误的恋爱指南，你才能确定下一步怎么做。

    C. 追求快乐型。你认为恋爱的本质就是追求其中的快乐，因此你会选择和你一样懂得享乐的人。

    D. 互相安慰型。你喜欢与你有同样经历的人，互吐心声，也许在互相疗伤的同时，渐渐产生一份感情。如此而形成的两人世界，通常谁也无法介入。

    E. 清淡型。恋爱虽然重要，但你认为生活中还有其他重要的东西，因此你的恋情不会轰轰烈烈，而是在彼此的隐私空间中发展出平凡的感情。

测验2：你的爱情性格是什么？

假如有一位巫婆送你一枚宝石戒指，当巫婆握住你双手的一瞬间，宝石会发出万丈光芒。你认为它会发出什么颜色的光芒呢？（　　）

    A. 红色　　　B. 黑色　　　C. 蓝色　　　D. 绿色　　　E. 紫色

选项解释：

    A. 十足的性情中人。你是十足的性情中人，你的爱情火焰也强人一倍，你善于与人交际，你非常踊跃地参加各种社团活动，谈恋爱时也非常积极、大胆。不过你也有自私的一面，甚至为了出人头地，把自己的快乐建立在别人的痛苦上。你的内心一直强烈期盼得到他人的爱。

    B. 有神秘气质的人。你对秘密的、不可知的事情最感兴趣，所以你欣赏那种外表虽不起眼但极富神秘气质的人。而且你是个喜怒形于色的人，缺乏控制自己脾

气的能力。

C. 理性、保守的人。你待人处世都非常冷静,决不会感情用事,但是在紧急状况时,你能保持镇定,不慌不忙。所以你很难与伴侣维持火热的感情,总是静静地分析对方的一切。

D. 温柔的人。你对任何人都很温柔,以宽容的心态对待他们,你的喜怒很少表露出来,脸部总是保持一种表情,但爱你的人会因此对你更加信赖。不过由于你处理事情太过谨慎、小心而往往流于顽固保守。

E. 敏感的人。你非常敏感,有时朋友无心的一句话,你都会耿耿于怀很久,更不用说你心上人的一举一动了。不过需要提醒你的是,你心中的不安大部分来自自己的想象,你总是把自己关在一个人的小世界中。

(摘自:穆铭.完全图解恋爱心理学[M].北京:北京紫图图书有限公司,2008.)

【健心活动】

1. "爱情"是个令人向往的词,年轻的心为爱激动,为爱欢笑,为爱流泪,爱情是什么?

爱不只是一种感觉,也不只是个人私欲的满足。爱是一种给予,是与个人和对方的成长、发展密切相关的行为。真正的爱应具备需要、关怀、信赖、接纳、尊重等特性。

爱是个厚重而圣洁的话题,而在这个年龄的男生、女生之间发生的故事,像颗又酸又甜又青涩的果子,它能够被称为爱吗?该如何对待发生在你和他(她)之间的这种"爱"?

> 你为爱情做了哪些准备?
> 你愿意为他(她)的一生负责吗?
> 你有这个能力吗?

我的爱情观
1.
2.
3.
4.
5.
6.

2. 刘明借小虹的字典用，用完了，刘明还给了小虹，并对她说："字典里夹着一个东西。"小虹一看，原来是张纸条，上面写着：小虹，我已默默地注视你好多天了。晚上一闭眼，全是你的影子，我现在已经学习不下去了。今天晚上7:00钟到河边谈一谈，好吗？

小虹该怎么做？请你帮她处理一下。

第四章

珍爱生命 感悟人生

引 言

能把自己的生命寄托于他人记忆中,生命仿佛就加长了一些;光荣是我们获得的新生命,其可珍可贵,实不下于天赋的生命。 ——孟德斯鸠

这段语录,可以说道出了延长生命的一种方法,一个人只要做到了把自己的生命寄托于他人记忆中,那么这个人就绽放了生命的所有光彩,他肯定活出了自己的价值,那么他的生命就会无限延长。

第一节　抵御诱惑　健康上网

【心事心语】

某职校男生巍巍，16岁，善良外向，还是班干部，最近却变得沉默寡言起来，和同学一句话不和就拳脚相向，对家长也动不动就喊打，父母从他的书包里还找到了一把匕首。经过心理咨询后才弄明白，他已经背着父母悄悄地玩了近一年的网络暴力游戏，头脑中充满着暴力和色情，他已经分不清楚现实和游戏了，最后巍巍不得不退学去进行治疗。

思考：巍巍走到这一步的原因是什么？

【心理课堂】

一、网络与我

青少年正处于身心成长的关键时期，养成良好的学习、生活习惯至关重要。网络是一个虚拟的世界，青少年判断是非的能力还不成熟，抵制诱惑的意志力还不够坚强，网上的游戏和聊天往往会使他们情不自禁，从而沉溺其中不能自拔。迷恋网络世界，不仅会让他们脱离现实，也会让他们荒废学业。

随着信息社会的来临，以多媒体和因特网技术为标志的信息技术业已成为扩展人类创造能力的重要工具，整个世界也因为它的出现而发生了天翻地覆的变化。在网络社会的大环境下，电脑和网络已经成为青少年不可或缺的学习工具。互联网综合了报刊、电视、图书、录音、录像等其他众多媒体所具有的优势,记载了世界各国的政治、经济、科技、文化等信息及成果,融合了各种各样的信息源,如网上论坛、网络游戏、电子邮件、跨地域和跨文化的聊天等,真可谓五花八门、丰富多彩。网络上所有的这些内容都在强烈地吸引着青少年们的注意力,使他们流连忘返。

随着互联网的普及,它已经成为影响巨大、最具潜力的大众媒体,成为各种各样信息的集散地。互联网正改变着人们的学习、工作和生活方式。与其他媒体相比,互联网的信息量大、传播速度快,人人都可成为信息的接受者和发送者,互联网具有双向性和多向性。互联网上的内容良莠不齐,难以去监控和删选,但其超出想象的刺激性和娱乐性,又极易使人上瘾,特别是对学生群体具有特殊的吸引力。青少年已经成了网民的重要组成部分。那么我国的网民究竟有多少呢?中国互联网络信息中心(CNNIC)发布《2019年全国未成年人互联网使用情况报告》,显示我国未成年人网民规模为1.75亿,未成年人互联网普及率达到93.1%。而网络成瘾的青少年已经高达250万人,其中14~24岁又是网瘾最高发的时期,占整个网瘾青少年的90%。帮助青少年预防和戒除网瘾已经成为当前中国社会的一个热点问题。加强青少年网络素质教育,也成了新时期中国青少年教育工作的重要内容。

◆ **材料分享一**

互联网依赖症判断

1. 你是否着迷于互联网?
2. 你是否感觉需要延长上网时间才能让自己满意?
3. 你是否经常不能控制自己上网或停止使用互联网?
4. 停止使用互联网的时候你是否感觉烦躁不安?
5. 每次在网上的时间是否比自己打算的要长?
6. 互联网是否使你的人际关系、工作、教育或者职业机会受到影响?
7. 你是否对家庭成员、治疗医生或其他人隐瞒了你对互联网着迷的程度?
8. 你是否把互联网当成了一种逃避问题或释放焦虑不安情绪的方式?

结论:在上面8个问题中,如果被调查者对其中的5个问题的回答是肯定的,就可以判断他已经患上了互联网依赖症。"依赖型"和"非依赖型"上网者的不同,并不是仅仅指网民每周上网的时间,更主要的是在网上利用时间的方式。在依赖型上网者中,35%的时间用于聊天室,28%的时间用于多用户互动游戏;而在非依赖型上网者中,55%的时间用于收发电子邮件,24%的时间用于查阅图书、下载软件等。

互联网依赖症又不同于网络成瘾,网络依赖者没有典型的成瘾症状,只是精神上表现出对网络的依赖。但是如果依赖者不对自己的上网行为进行克制,任凭这种依赖心理继续发展,沉溺于网络中的虚拟世界而不能自拔,同时又缺乏社会沟通和人际交往,将网络世界与现实生活不加以区分,就会导致异常症状,医学上把这种症状叫作"网络成瘾综合征",简称 IAD,即网瘾。患者初期只是表现为对网络的精神依赖,渴望上网冲浪、玩游戏,之后就很容易发展为身体上的依赖,出现食欲不振、焦躁不安,甚至还会引发心血管疾病等各种疾患,需要去接受深度的心理辅导和相应的医学治疗。

国内学者提出诊断"网络成瘾综合征"的7种症状

1. 耐受性增强。要不断增加上网时间,才能达到同样的满足程度。

2. 戒断症状。如果有一段时间(从几小时到几天不等)不上网,患者就会明显焦躁不安,不可抑制地想上网,时刻担心自己错过了什么。

3. 上网频率总是比事先计划的要高,上网时间总是比事先计划的要长。

4. 企图缩短上网时间的努力,总是以失败告终。

5. 花费大量时间在和互联网有关的活动上,比如安装软件、整理和编码、下载大量文件等。

6. 上网使患者的社交、职业和家庭生活受到严重影响。

7. 虽然能够意识到上网带来的严重问题,但仍然继续花大量时间上网。

如果一个网民在过去 12 个月内有上述 3 种以上症状表现,就可以初步诊断他患有"网络成瘾综合征"。

网络成瘾综合征的判断

可以用下面的测试方法来了解学生是否成瘾和成瘾的程度。按照发生的频度,用 0~5 分进行评分,具体含义是:0—没有,1—罕见,2—偶尔,3—较常,4—经常,5—总是。测试题如下:

1. 你发现你待在网上的时间超过预定时间。
2. 你会与网上的人建立关系。
3. 你的朋友会抱怨你花太多的时间在网上。
4. 由于你花太多的时间在网上,以至于会耽误学业。
5. 你尽量隐瞒你在网上的所作所为。
6. 你会同时想起在网上的快乐和生活的烦恼。
7. 没有了网络,生活会变得枯燥、空虚和无聊。
8. 深夜上网而不睡觉。
9. 上课时你仍想着上网或幻想着上网。
10. 你上网时老想着"就再多上一会儿"。

11. 你尝试着减少上网的时间,却失败了。

12. 你企图掩饰自己上网的时间。

13. 你选择花更多的时间上网,而不是和同学出去玩。

14. 当你外出不能上网时,你会感到沮丧、忧虑和焦虑,一旦上了网,这些感觉就消失了。

15. 你会用自己节省下来的生活费去上网,而不去考虑明天是否有饭吃。

16. 别人阻挠你上网时,你会非常愤怒,与其争吵。

评分:把各题选择的分数加在一起,如果得分超过40分,就说明已经具备网瘾的症状了;如果得分超过60分,就可以确定患网络成瘾综合征无疑。

二、常见的网络心理障碍及其调适

专家指出,过度地使用网络常常会导致青少年出现情绪障碍和社会适应困难。在心理方面,会出现注意力不集中,记忆力减退,对其他活动缺乏兴趣,为人冷漠,缺乏时间观念,情绪低落。在身体方面,会出现不能维持正常的睡眠周期,停止上网时会失眠头痛、消化不良、恶心厌食、体重下降。在行为方面,会出现品行障碍,产生攻击性行为,认为暴力并非都是违法的,甚至崇尚暴力。网络心理障碍就是指因无节制地上网而导致的行为异常、人格障碍、交感神经功能失调。其表现症状开始是精神上的依赖,渴望上网;随后发展为身体上的依赖,不上网则情绪低落、疲乏无力、外表憔悴、茫然失措,只有上网后精神才能恢复正常。

(一)职校生常见的网络心理障碍表现

1. 网络孤独症

网络上的人际沟通是通过人机对话来实现的。在互联网上,人们无法体验到现实生活中直接情感交流带来的愉悦,人们的个性发展和情感需求并没有得到充分的满足。因此,长期在互联网上交流会使人们逐渐失去现实感和紧张感,孤独和冷漠会占上风,从而使自己害怕与周围的人交往,人际情感淡漠,社会适应能力下降。同时这种孤独感又会使人们更加依恋网络,一旦离开了网络,他们就会迷失方向、坐立不安。网络使一些职校生网民成了"孤独的电脑人""孤独的上网人"。这些人在现实生活中不愿意表露自己的情感,也不愿意接受他人情感的表露,网络使他们对真实的现实产生某种疏远感、淡漠感,甚至不信任感,使他们变得沉默寡言、不善言谈。

2. 网络成瘾综合征

网络成瘾综合征简称"网瘾""网痴",它是由于过度使用网络引发的机能失调(IAD)疾病,"网瘾"的意思是网上瘾君子。人们由于长时间沉迷于网络游戏、上网聊天、下载文件、制作网页、醉心于网上信息、网上猎奇等，会造成对网络的过度依赖，导致个人生理受损和正常学习、生活及社会交往受到严重影响，从而出现心理障碍。目前职校生群体出现的网络成瘾主要有网络游戏成瘾、网络色情成瘾、网络恋爱等。

（1）网络游戏成瘾。

所谓成瘾是指个人不能控制地渴望从事某种活动，虽然这会使自己或已经给自己带来了一些不利的后果，但仍然无法控制自己的行为。游戏成瘾就是指长期迷恋电脑游戏不能自拔。又因为长期沉迷于游戏，使自己的生活节奏紊乱、视力下降，而一旦停止玩电脑游戏，就会情绪低落、思维迟钝、记忆力减退、食欲不振，当恢复玩电脑游戏后，精神状态即恢复正常。这种行为特征与药物成瘾行为有许多相似之处，它是一种精神病理学行为。因此，它被称为"电子海洛因"。之前人们一般认为游戏可益智，但是科学家们发现，计算机游戏只是刺激了与视觉和运动有关的那部分脑的活动，无法真正起到益智的作用。

（2）网络色情成瘾。

网络上的不良信息和网络犯罪对青少年的安全构成危害，对青少年的人生观、价值观和世界观的形成具有潜在威胁。据专家调查，网络上非学术性信息中，有47%与色情有关。青少年正处于青春期，性心理仍处于发展阶段，对性知识有好奇心，当接触网上一些不健康的性知识后，就会产生不健康的性心理和行为，损害他们的身心健康，更有甚者会走上犯罪道路，产生不可弥补的后果。调查显示，在接触过网络上色情内容的青少年中，有90%以上有性犯罪行为或动机。

（3）网络恋爱。

正处于青春发育期的学生，随着性心理的逐渐成熟，他们对异性既有好感又好奇，而在现实生活中他们的恋情会受到社会和家庭的限制，虚拟的网络正好给了他们无穷的遐想空间，尤其是涉世未深的女孩子，更是满足了她们浪漫美好的幻想，她们认为现实生活中的爱情太庸俗，网络中的浪漫正是她们所渴求的。同时，网恋的双方无须坦诚相待，更不需负任何责任，也没有面对面的尴尬。这种通过上网结识同性或异性朋友，产生的恋情就是网络恋情，简称网恋。尽管对绝大多数学生来说，对于网恋他们是抱着尝试和游戏的态度，没有多少人会当真，但沉溺于虚拟的网恋之中必定会分散他们的精力，而网络又是虚幻的，一不小心就会被骗。如果上当受骗，遭受网恋的打击，势必会影响自己的情绪，并且把这些情绪带到平时的学习和生活中，给心理造成不可磨灭的阴影。

（二）网络心理障碍的调适

1. 树立远大的理想

学生时光，弥足珍贵，每一位职校生都应该树立远大的理想。有了远大的理想,才会有奋斗的目标和行动的动力。想一想,我们为什么要上学?当其他同学都在为实现自己的理想努力奋斗的时候,自己却将大好的光阴花费在网络上,值得吗?

2. 正确认识和合理利用网络

互联网的出现,给人类带来了一个全新的时代,居家办公、网上学校、电子商场、电子银行等新生事物的出现,使人类的生活方式发生了深刻的变革。网络世界既是一个充满自由、开放、平等的世界,也是一个充满诱惑与陷阱的危险之地。网络只是一个工具,网络资源是人类社会不可缺少的财富,对网络的破坏与滥用就是对社会正常秩序的极大破坏,会危及我们每一个人。职校生要认清网络社会并非真实的社会,网上暂时的成功并非真实的成功,虚拟的情感宣泄与满足也并非能得到真正的快乐,网络带来的并非总是鲜花和美酒,也可能会给自己带来苦涩的恶果。我们只有对网络树立正确的认知,才有可能正确地面对网络,合理地去使用网络资源,准确地把握自我,认清自己的真实需要,处理好现实社会与虚拟社会的关系,从而避免网络心理问题的产生。学生的主要任务是学习,要自觉地把主要精力和时间都花在学习专业知识和锤炼自身素质上,根据学习要求和生活规律规定自己的上网时间,有计划、有目的地上网,要冷静地面对网络,多去搜集对学习有帮助的资料,理性运用和熟练掌握网络技术,为未来就业培养扎实的计算机操作能力。

3. 积极参加学校的各类集体活动

参加学校的各类集体活动,可以分散对网络的专注,在参加活动的同时也可以获得身心的愉悦。在活动中,通过各种感官去感受事物,也可以从接触各种人与事中获得知识,开阔视野,提高实践技能。

4. 提高网络心理防御和应激能力

职校生要加强自身的抵御能力,对于网络中的不良信息做到自觉防御,避免受到网络不良信息的影响。在上网过程中要保持主动性,根据自身需要来查询相关内容,避免受到不良信息的诱导。学生不应当将网络世界作为躲避现实压力的场所,而是要通过网络去寻找解决现实问题的方法。只有养成健康的上网习惯,增强自身的网络素质,才能够避免产生相应的心理问题,从而促进自身的健康成长,为自己的未来发展打下坚实基础。

5. 积极求助他人

当深陷网络无法自拔,回到现实就会感到孤独时,"网络成瘾综合征""网络孤独症"等网络心理障碍就会对我们的身心健康产生危害与威胁,若我们自己不能走出心理误区,就应该积极求助于他人,包括老师、家长、医生、朋友、同学等,通过找同学倾诉、向心理咨询师咨询、请心理医生治疗等手段,释放网络心理压力,缓解痛苦心理,形成健康向上的心理状态。

◆ **材料分享二**

对网络成瘾的职校生的建议

1. 不要把上网作为逃避现实生活问题或者排解消极情绪的工具。"借网消愁愁更愁。"当你几小时后下网,问题仍旧存在,但你的上网行为却在不知不觉中已经得到了强化。

2. 合理有效地控制上网时间。你可以选择在家里上网,避免去网吧上网。平时平均上网时间大多控制在 1 个小时以内,周末上网时间控制在 3 个小时以内。具体操作如下:

(1) 在上网之前先确定目标。每次上网前先花 2 分钟的时间想一想你要上网干什么,把具体要完成的任务列在纸上。请你不要认为这个 2 分钟是多余的,它可以为你节省 10 个 2 分钟,甚至 100 个 2 分钟。

(2) 在上网前先限定好时间。看一看你列在纸上的任务,用 1 分钟的时间先估计下你大概需要多长时间上网,假设你估计要用 40 分钟,那么就请把闹钟定在 20 分钟,到时候看看你进展到哪里了。

三、健康的网络心理

网络对职校生个性的影响越来越大。"你上网了吗?"正成为职校生见面时最流行的问候语。网络心理就是伴随着网络的产生和发展而产生和发展的。当人类进入信息时代,人们对客观世界的认识会随着网络对人类生活、学习、工作领域的渗透程度而发生变化,人的感知、记忆、思维、情感、兴趣以及个性会悄然改变,进而产生新的思维方式、行为模式与生活习惯。网络社会与人的心理互动将日趋频繁,网络心理也在这种互动中不断地发展。所以网络心理就是在网络环境里人的心理过程及由此而形成的人的个性特征的总和。网络心理素质已经成了当代职校生心理素质的重要方面。网络心理健康除了应具有心理健康的一般标准外,还应该有以下一些特殊的标准:

1. 要有正确的网络心理健康意识和观念

智力正常并具有基本符合客观的认知是心理健康的重要标志。在网络环境下表现为具有正确的网络心理健康的意识和观念。网络一方面给学生的学习、生活和工作带来前所未有的便利,另一方面又使他们遇到更多的困惑,给他们的身心健康带来损害。因此,具有正确的网络心理健康观念,成为保持网络心理健康的重要标准。正确的网络心理健康的意识和观念至少应包括以下几个方面:一是了解网络是把"双刃剑",我们对网络既不依赖,也不谈"网"色变。二是具有正确的上网目的,合理安排时间,注意上网的安全,具有健康、良好的网络使用习惯。三是对网络信息有辨认真伪的能力,并能正确对待和处理网络与现实生活的关系。心理健康的职校生应该能运用现有的知识,理智地辨认真假信息,并能够有勇气及时改正自己不正确的认知和行为。四是了解各种网络心理障碍的主要表现、判断标准、产生的原因、治疗和预防的方法,增强对自我的控制能力。五是具有良好的网络道德和网络法治观念,遵守《全国青少年网络文明公约》:"要善于网上学习,不浏览不良信息;要诚实友好交流,不侮辱欺诈他人;要增强自护意识,不随意约会网友;要维护网络安全,不破坏网络秩序;要有益身心健康,不沉溺虚拟时空。"

2. 要能保持网上、网下人格的和谐统一

人格是一个人所表现的稳定的精神面貌,具有一定倾向性的心理特征。人格结构是多层次、多侧面的,是由复杂的心理特征经独特结合构成的整体。主要包括代表个性心理特征的能力、气质、性格和代表个性倾向性的动机、兴趣、理想、价值观等。个性完整统一,内在协调,并有正确恰当的自我意识,是职校生心理健康的重要标志之一。由于网络环境身份虚拟性、想象性、多样性、随意性等特点,容易影响个体的整体性、独特性和稳定性,导致双重人格或多重人格的形成,影响心理健康。网络双重人格是指个体在网络中和现实中分别具有彼此独立、相对完整的人格,二者在情感、态度、知觉和行为等方面有所不同,有时甚至是处在剧烈的对立面,这就是一种严重的心理障碍,是心理不健康的典型表现。因此,心理健康的人必须要有正确恰当的自我意识,能够保持网上、网下人格的和谐统一,同时,在虚拟性与现实性之间能够做到以现实性为主。

3. 网上、网下均能保持良好的情绪、情感

情绪是衡量心理健康与否的一个显著标志。心理健康的学生积极的情绪远多于消极的情绪,主导心境是愉悦、乐观和平静的,且能正确而恰如其分地表达情绪。心理健康的学生有较强烈的社会责任感和集体荣誉感,并能珍惜友谊,探索和追求真理,欣赏并向往美好事物,在学习、工作和生活中去积极创造美。一个心理健康的职校生,一方面,自己的生活过得有规律、有节奏;另一方面,他会积极参加体育锻炼和各种社会实践活动,不断充实自己,保持身心愉悦。

4. 不因网络的使用而影响正常的生活、学习与工作

意志健全、行为协调也是心理健康的重要标志。意志健全主要表现在意志品质上。心理健康的学生,意志的自觉性、果断性、坚持性和自制性都会获得协调发展。他们学习、生活的目的明确,能根据现实的需要去调整行为的目标,为实现目标而自觉地约束自己,抑制自己不合理的欲望,抵制各种外部诱惑。行为协调主要表现在行动的计划性、一贯性与统一性以及言谈的逻辑性等方面。心理健康的职

校生能有效地进行自我教育和自我管理,控制自己使用网络的时间,在不影响自己正常生活、学习、工作的情况下使用网络。他们能认清网络与现实生活的关系,不逃避现实生活,不躲进网络,不将网络当作唯一的精神寄托,尤其是在现实生活中受挫后,不只依靠网络缓解压力或焦虑,能主动去寻求现实社会中的支持,勇敢地面对生活。

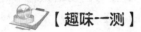【趣味一测】

了解自己的上网偏好

1. 你喜欢上网吗?
□喜欢 □谈不上喜欢,也谈不上不喜欢 □不喜欢

2. 促使你上网的原因是什么?
□学习需要(如查资料) □很多人都在上网,自己也想 □无聊 □其他

3. 你的网龄是多少?
□3年以下 □3~5年 □5年以上

4. 你现在一天上网的时间大约是多少?
□2小时以下 □2~4小时 □4小时以上

5. 你喜欢在什么时间段上网?(可多选)
□节假日 □放学后 □一有时间就上 □会占用学习时间上网
□没有固定时间段

6. 你上网时多把时间花在哪些方面?(可多选)
□聊天 □玩游戏 □网购 □看视频 □查阅学习资料 □浏览新闻
□收发邮件、下载音像资料或图片 □其他

7. 你多在以下哪些情景上网?(可多选)
□吃饭 □课间 □等车、坐车 □睡前 □走路 □上厕所 □课堂
□网吧

8. 上网后(从网吧出来)你的心情一般是怎样的?
□沮丧 □空虚 □快乐 □充实

9. 你父母对你上网的态度是怎样的?
□支持 □反对 □限制时间 □不管不问

10. 你觉得上网对自己最大的好处有哪些?(可多选)
□展现自我,增强自信 □可以和别人在网上交流,建立友谊
□娱乐、放松心情、缓解压力 □消磨时间 □提高自己分析、处理信息的能力
□增强想象力 □其他

11. 你在浏览网页或在玩游戏的时候,遇见过让你觉得不舒服的内容吗?

☐有 ☐没有

有的话,都有哪些内容?(可多选)

☐色情的 ☐暴力的 ☐血腥的 ☐恐怖的 ☐恶心的 ☐其他

你会进一步地去了解相关的内容吗?

☐会 ☐没有人的时候会,有人的时候不会 ☐绝对不会

12. 你觉得网络对生活影响大吗?

☐非常大 ☐一般 ☐不大

网络心理障碍的征兆

1. 上网的你,有没有不想吃饭且晚上因高度兴奋而失眠的经历?

☐时常有 ☐偶尔有 ☐从未有过

2. 上网的你,有没有不上网就精神萎靡、情绪低落、思维迟钝的感觉?

☐时常有 ☐偶尔有 ☐从未有过

3. 上网的你,是不是对外界事物漠不关心,是不是觉得除了网络世界,这个世界上没有什么你感兴趣的东西?

☐时常有 ☐偶尔有 ☐从未有过

大学生网络依赖度自测

下面是一个专业的测验量表,你可以用它来判断自己对网络的依赖程度,请根据自己的实际情况回答下列问题,按照程度分为完全没有、很少、偶尔、经常和总是,分别计1分、2分、3分、4分和5分。

1. 你有多少次发现你在网上逗留的时间比你原来打算的时间要长?
2. 你有多少次忽视了你的家务活而把更多的时间花在网上?
3. 你有多少次更喜欢互联网的刺激而不是与亲人之间的亲密?
4. 你有多少次与陌生的网友形成朋友关系?
5. 与你共同生活中的其他人有多少次向你抱怨你在网上所花的时间太长?
6. 你的学习成绩和学校作业有多少次因为你在网上多花了时间而受到影响?
7. 在你需要做其他事情之前,你有多少次去检查你的电子邮件?
8. 由于互联网的存在,你的学习表现或学习效率有多少次遭受影响?
9. 当有人问你在网上干些什么时,你有多少次为自己辩护或者变得遮遮掩掩?
10. 你有多少次用互联网的安慰性的想象来排遣生活中的那些烦心事?
11. 你有多少次发现自己期待着再一次上网?
12. 你有多少次担心没有了互联网,生活将变得烦闷、空虚和无趣?
13. 如果有人在你上网时打扰你,你有多少次厉声指责、喊叫或者表示愤怒?

14. 你有多少次因为深夜上网而睡眠不足?

15. 你有多少次在下网时为互联网而出神,或者幻想自己在网上?

16. 当你在网上时,你有多少次发现你自己在说"就再玩几分钟"?

17. 你有多少次试图减少你花在网上的时间却失败了?

18. 你有多少次试图隐瞒你在网上所花的时间?

19. 你有多少次选择把更多的时间花在网上,而不是和其他人一起外出?

20. 当你下网时,你有多少次感到沮丧、忧郁或者神经质,而这些情绪一旦回到网上就会无影无踪?

评分方法与结果解释:将20道题的总分累加。

1. 20~39分:你是一个普通的网络使用者。你有时可能会在网上花较长的时间冲浪,但你能控制你对网络的使用。

2. 40~69分:由于因特网的存在,你正越来越频繁地遇到各种各样的问题。你应当认真地考虑它们对你生活的全部影响。

3. 70~100分:网络正在给你的生活造成许多严重的问题,你需要现在就去解决它们。

【健心活动】

1. 一名职校寄宿生的母亲抱怨说,孩子周末在家就知道上网,要不看电脑,要不玩手机,离开手机就看电脑,离开电脑又盯着手机。一天24个小时,他只有在看电脑、玩手机时精神很足,其他时间都感觉没劲,提不起精神。

讨论:请大家来帮帮这个孩子,想办法如何抵制网络诱惑。

2. 18岁的小张在国庆黄金周结束后的第二天突然住进了医院,连续几天高烧不退,医生了解到小张的病因是打网络游戏。在黄金周内,小张除了短暂的睡眠和草草了事的饮食外,全部时间都用来打网络游戏……

讨论:在你身上有没有出现过或重或轻的网络依赖?你对现在的职校生实际使用网络的现状觉得合理吗?

3. 你知道什么是"IAD"吗?请你查查关于"IAD"患者主要的症状表现?

4. 网络心理健康的标准是什么?

5. 如何去合理使用手机和网络?

第二节　自我保护　禁毒防艾

【心事心语】

男生小华虽然从小爱玩好动，但学习成绩还算不错。这个年纪的孩子大多数爱打游戏，小华也不例外。一次，在网吧里，小华认识了一群"哥们"。他们掏出一种白色粉末，围坐在那里吸，一副"飘飘欲仙"的样子，这一下子就引起了小华的好奇。当"哥们"怂恿他尝一口时，小华毫不犹豫地伸出了手。有了第一次，就有了第二次、第三次。后来，为了弄到钱吸毒，小华开始学会说谎，也没心思上学，甚至骗低年级同学的钱。

【心理课堂】

一、毒品的危害和拒绝毒品的方法

（一）认识毒品

根据《中华人民共和国刑法》第三百五十七条的规定：毒品是指鸦片、海洛因、甲基苯丙胺（冰毒）、吗啡、大麻、可卡因以及国家规定管制的其他能够使人形成瘾癖的麻醉药品和精神药品。

当前，新型毒品花样百出，除种类繁多以外，制毒者还为毒品制造了各类"伪装"，此类"伪装"毒品迷惑性极强，令人防不胜防。同时，一些看似平凡的药物，在滥用后同样会让人成瘾。

1. 咔哇潮饮

这是一款曾经的"网红饮品"，号称可作为酒精的替代物。咔哇潮饮的商家在标注其成分时偷换概念，将其标识为 γ-氨基丁酸饮料。然而，此类饮品被检测出含有 γ-羟基丁酸。虽一字之差，但前者是国家批准允许的物质，后者却是受我国管制的二类精神药物，过量饮用会对人体造成损害。

滥用 γ-羟基丁酸，会造成暂时性记忆丧失、恶心、呕吐、头痛、反射作用丧失，甚至很快失去意识、昏迷及死亡，与酒精并用，更会加剧其危险性。

2. 小树枝

"小树枝"又名"雅典娜小树枝""维纳斯香薰""派对小树枝"等,因外观类似细长的树枝而得名,一般将之卷入香烟或磨成粉用香烟沾吸。"小树枝"属合成大麻素类毒品,主要成分为 MDMB-CHMICA,1 克 MDMB-CHMICA 的依赖性潜力相当于 10.5 克海洛因的作用。

吸食"小树枝"后会产生头晕、恶心、气短、胸痛、不规则的心脏跳动急促、血压升高、虚脱、抽搐和惊厥等症状,甚至丧失意识,过量使用可致心脏停搏、器官衰竭,并因此死亡。

3. 开心果

近年从泰国流入我国的一种新型毒品,主要成分是冰毒。呈粉红色颗粒状,外形像毒品摇头丸。"开心果"属兴奋类毒品,服用后会导致人大脑神经细胞损伤,并产生强烈的心理依赖。其服用后产生的症状及危害与冰毒类似。

4. 浴盐

浴盐是一种新型的致幻剂,其实质为一种高效精神类药物——卡西酮的高纯度结晶,在最危险的情况下,其兴奋功能比可卡因强 13 倍。它会直接作用于中枢神经系统,吸食后可能会导致恐慌、躁动、妄想、幻觉和暴力行为。全球已发生多起因吸食毒品浴盐而导致的伤人事件。

5. 干花

看似普通的干花,实际上曾被浸泡在一种俗称"K3"的人工合成大麻素毒品中,这种干花会被放入香烟中吸食,迷惑性、隐蔽性极强。

"K3"作为化学方法制成的大麻类毒品,对人的危害更严重。服用这种"毒花瓣"后会影响中枢神经系统,使人产生欣快感,还会引起嗜睡。大剂量服用可出现幻视、焦虑、抑郁、情绪突变、妄想等反应。少数人会导致中毒性精神病,产生攻击行为或自杀、自伤等,也可能伴有意识模糊。

6. 邮票

本质是新型毒品 LSD(麦角酰二乙胺),归类上属于新精神活性类物质中的苯乙胺类毒品。制毒者将 LSD 液体滴在色彩鲜艳的小邮票上,这类"邮票"毒品体积小、毒性强,有强烈致幻作用。

口含后通常会使人心跳加速、血压升高,并出现急性精神分裂和强烈的幻觉,造成极大的心理落差,口含"邮票"的人会对声音、图像和颜色等产生不同的幻觉,严重者会产生轻生念头。

7. 蓝精灵

蓝精灵成分为氟硝西泮,因其通常为蓝色的小药片,故而得名,并因其常被犯罪分子用于实行性侵犯罪,造成了极大的社会危害。

"蓝精灵"具有强烈的催眠效果,成瘾性强,与酒精混合后会产生迷幻效果,在医学上称为过度镇静,持续时间过长可能导致死亡!长期过量服用"蓝精灵"会造成精神障碍,使人产生自杀冲动,并伴随一系列中枢神经强力抑制,导致脏器损害。

8. 止咳水

止咳水的主要成分是磷酸可待因、盐酸麻黄碱等,磷酸可待因属于中枢性镇咳药,其作用强度为吗啡的四分之一,能起到兴奋呼吸中枢神经的作用,长期饮用会上瘾。

过量滥用会导致抽筋、神智失常、中毒性精神病、昏迷、心跳停止及呼吸停顿,导致窒息死亡。

9. "变身"零食、饮料的毒品

(1) 成分混合。

此类伪装成零食的毒品形态多样,其中加入的多为混合毒品,如"奶茶"常由氯胺酮、摇头丸成分混合,"可乐"即新型毒品"开心水",是冰毒、摇头丸、氯胺酮混合而成的毒品。

(2) 难以尝出。

传统毒品在混入饮料中还会残留一些异常口味,这些伪装成零食的毒品却可以模拟出零食的正常口感。其不仅逃避了警方的侦查,更是企图让防范心较弱的少年儿童在不知情的情况下接触毒品!

由于此类伪装毒品难以辨别,除了易发生毒品成瘾外,还容易出现过量使用造成的急性中毒,危及生命!

(二) 毒品的危害

毒品的危害,可以用"毁灭自己,祸及家庭,危害社会"十二个字概括。

1. 毁灭自己

（1）不同的毒品都有各自的毒副反应，产生相应的戒断症状，对健康形成直接而严重的损害，甚至死亡。此外，由于毒品对消化系统、呼吸系统、心血管系统、免疫系统的影响，滥用毒品可导致多种并发症的发生，如急慢性肝炎、肺炎、败血症、心内膜炎、肾功能衰竭、心律失常、血栓性静脉炎、动脉炎、支气管炎、肺气肿、各种皮肤病、慢性器质性脑损害、中毒性精神病、性病及艾滋病。百年前就有诗曰："剜骨剃髓不用刀，请君夜吸相思膏（即鸦片）。"

吸毒——只要你走向这路⋯

（2）毒品不仅对躯体造成巨大的损害，由于毒品的生理依赖性与心理依赖性，使得吸毒者成为毒品的奴隶，他们生活的唯一目标就是设法获得毒品，为此失去工作、生活的兴趣与能力。长期吸毒者精神萎靡，形销骨立，人不像人，鬼不像鬼。因此，有人告诫吸毒者："吸进是白色粉末，吐出来的却是自己的生命。"

2. 祸及家庭

一个人一旦吸毒成瘾，就会人格丧失，道德沦落，为购买毒品耗尽正当收入后，就会变卖家产，四处举债，倾家荡产，六亲不认。一个家庭只要有了一个吸毒者，从此全家就会永无宁日，意味着这个家庭贫穷和矛盾的开始。妻离子散，家破人亡往往是吸毒者家庭的结局。

3. 危害社会

（1）吸毒与犯罪如一对孪生兄弟。吸毒者为了获取毒资往往置道德、法律于不顾，越轨犯罪，严重危害人民生命与社会治安。据报道，在英国有一半吸毒者是靠犯罪获得买毒品的钱。

（2）吸毒者丧失工作能力，对吸毒者的各种医疗费用，缉毒、戒毒力量的投入，药物滥用防治工作的开展，这些都给社会带来了巨大的经济损失。如今，吸毒已成为社会痼疾，人类社会因此背上了沉重的社会包袱。

（三）拒绝毒品

1. 了解毒品危害，减弱好奇心

毒品损害人的身心健康，毁坏家庭，影响社会治安和经济发展。要筑牢抵御毒品侵袭的思想防线，树立"毒品绝不能碰"的理念。

2. 坚决拒绝同伴吸毒的邀请

97%以上的人第一次吸毒都是受朋友"邀请"。为了解决毒资,很多吸毒者会采取各种手段引诱他人吸毒。如"吸毒能治病""吸食冰毒很时尚,有钱人才玩""偶尔玩一玩不会上瘾,可以彻底释放压力"。接到这样的邀请时要保持警觉。

3. 在娱乐服务场所要提高警惕

在娱乐场所不接受陌生人提供的香烟和饮料,留意易拉罐等饮料是否有被注射的针眼和开封的迹象,离开座位时最好有人看管饮料和食品,避免因误食毒品而上瘾。

4. 不为他人保管、投递、买卖不明物品

近年来,贩毒集团常常采取诱骗和胁迫的方式,利用怀孕和哺乳期妇女、未成年人、残障人员等人群从事贩毒活动。如果被委托保管、投递、买卖的物品是毒品,有可能在法律上被认定为贩毒者的同谋。

5. 建立健康的生活方式

学会有规律的生活,合理安排工作和娱乐时间,正确应对压力,保持良好情绪。树立正确的人生观,不盲目追求享受、寻求刺激、赶时髦。

6. 遵照医嘱,合理用药

不滥用镇痛、镇静、减肥、安定、止咳类药物。

二、艾滋病及其预防

2017年4月21日上午,长沙市岳麓区疾控中心举行了"高校疫情通报和骨干成员培训"会议。会议指出岳麓区高校云集,青年学生人口密集,至2017年4月21日已发现报告为学生身份的艾滋病感染者106人。性传播是艾滋病传播的主要途径。

（一）认识艾滋病

艾滋病是一种后天获得性疾病，又称为获得性免疫缺陷综合征，是由艾滋病病毒（HIV）引起的、严重危害人类健康的传染性疾病。艾滋病病毒可持续造成免疫细胞数量减少，最终造成免疫系统瘫痪，后期容易合并各种感染。艾滋病病毒是有一定的潜伏期的，在潜伏期内，患者可以没有任何症状，但是具有传染性。很多患者是因为在后期出现了各种顽固性的感染、肿瘤等，进一步检查才发现患有艾滋病。

一个艾滋病患者从感染到死亡，一般有三个发展时期。

1. 急性感染期

一般感染后2～6周出现，症状似感冒，能很快自愈。这个时期可以检测到艾滋病病毒抗原，但是检测不出艾滋病病毒。

2. 无症状感染期（潜伏期）

自从感染上艾滋病病毒到发展成艾滋病病人，这一段时间称为潜伏期。潜伏期长短因人而异，短至不到一年，长至15年以上，平均5～7年。

3. 艾滋病发病期

当艾滋病病毒感染者体内免疫系统遭到严重破坏、不能维持最低的抗病能力时，便出现很难治愈的多种症状，成为艾滋病病人。成为艾滋病病人后，一般会在半年至两年内死亡。

艾滋病病毒感染者无特异性外表及症状，不能根据外表判断一个人是否已经感染了艾滋病病毒，必须经过国家确认实验室的诊断。当国家确认实验室血液检测证明艾滋病病毒抗体呈阳性HIV（+），才可以确认一个人已经感染了艾滋病病毒。

艾滋病主要通过血液、性接触和母婴垂直传播，目前还没有预防性疫苗。

（二）预防艾滋病

艾滋病虽然是一种极其危险的传染病，但对个人来讲是可以预防的，主要预防措施包括：

（1）不发生婚前性行为。

（2）不以任何方式吸毒。

（3）不轻易接受输血和血制品（如果必须使用，要求医院提供艾滋病病毒检测合格的血液和血制品）。

（4）不与他人共用针头、针管、纱布、药棉等用具。

（5）不去消毒不严格的医疗机构或其他场所打针、拔牙、打耳洞、文身、文眉、针灸或手术。

（6）避免在日常救护时沾上受伤者的血液。

（7）不与他人共用有可能刺破皮肤的用具，如牙刷、刮脸刀和电动剃须刀。

若有艾滋病感染可疑时，可以到各地医学科研机构、大医院或省、市级防疫机构接受检查。地县级以上的疾控中心都可以提供免费HIV抗体初筛检测。一次抽血艾滋病病毒抗体阴性，不能完全排除没有传染上艾滋病，应定期检查。

如果能在72小时内及时服用阻断药物，可以阻断95%左右的HIV病毒，但也有5%的失败率。所以，到目前为止，尚没有一种绝对有效的方法能避免艾滋病感染，即便使用安全套，也可能存在失败率，最安全的方法就是洁身自好。

不过,即便是阻断药物,也往往存在一些不良的副作用。首先,阻断药物不是吃一天两天就能解决问题,一般来说,需要连续服用 28 天艾滋病阻断药物,每一天都不能停药;其次,一种阻断药物并不能起到很好效果,一般是三种联用,最常用的方案是服用替诺福韦、拉米夫定、依非韦伦三种药物,阻断药物有严重的副作用,会导致胃肠道不适,骨髓抑制,肝肾损害;最后,阻断药物并非免费的,口服 28 天需要花费3 000～8 000 元。除了阻断药物带来的不良反应外,最主要的还是患者内心的恐惧感,一般来说,服用阻断药物,需要连续三个月监测 HIV,全部检查结果呈阴性,才能提示阻断成功。

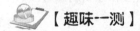

【趣味一测】

下面说法对吗?

1. 偶尔吸毒不会上瘾。

2. 吸毒上瘾,戒毒就行了。

3. 自己不吸毒,不需要了解毒品防范知识。

4. 对于有感染风险者,唯一知道自己有无感染的途径就是通过 HIV 检查,别无他法。

5. HIV 感染等同于艾滋病。

6. HIV 可以通过日常接触传播。

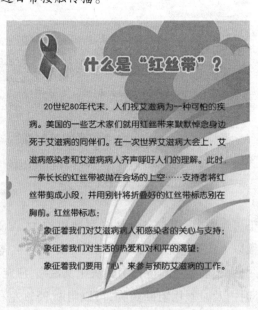

【健心活动】

1. 请问"笑气"是毒品吗？我们应该如何面对它？

2. 禁毒工作打击是手段，宣传预防是关键。请同学们共同编写10条禁毒口号，在校园内开展宣传工作。

3. 关于艾滋病治疗，国家"四免一关怀"政策是指什么？

4. "预防艾滋病，你我共同参与"，请以小组为单位，各出一份预防艾滋病的海报。

5. 请同学们仔细观察一下下边的九张图。这是一位女插画师吃了"邮票"之后，连续为自己画下的多幅自画像。请同学们感受一下她的变化，并谈一下原因。

6. 观察下图，通过范围的变化，请同学们谈一下感想。

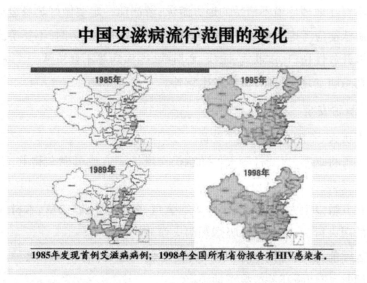

第三节　尊重生命　关爱生命

【心事心语】

2012年7月24日,无锡一天发生4起溺水事件,2人殒命。

2016年8月22日,无锡市滨湖区1男孩溺水身亡。

2019年7月,江苏宜兴发生6起溺水事件!更有7人不幸溺水身亡!这些溺水事件发生的主要原因是野泳。

……

中国每年大约有57 000人溺水死亡,相当于每天有150多人溺水死亡。

【心理课堂】

一、远离危险

（一）预防溺水

（1）饭后一小时才能下水,以免抽筋;饮酒后不宜游泳;不可单独游泳。

（2）若有危险警告,则不能在此游泳。

（3）不要在地理环境不清楚的地方游泳;游泳前一定要做好热身运动。

（4）游泳前应考虑身体状况,如果太饱、太饿或过度疲劳时,不要游泳。

（5）有开放性伤口、皮肤病、眼疾、心脏病、癫痫病等不要游泳。

（6）切忌朋友之间打闹,以免发生意外。

（二）消防安全

（1）不玩火、不随意摆弄电气设备。

（2）不可将烟蒂、火柴杆等火种随意扔在废纸篓内或可燃杂物上,不要躺在床上或沙发上吸烟。

（3）在五级以上大风天或高火险等级天气,禁止使用以柴草、木材、木炭、煤炭等为燃料的用火行为,禁止室外吸烟和明火作业。

（4）入睡前,必须将用电器具断电,关闭燃气开关,消除遗留火种。用电设备长期不使用时,应切断开关或拔下插销。

（5）液化气钢瓶与炉具间要保持1米以上安全距离,使用时,先开气阀再点火;使用完毕,先关气阀再关炉具开关。不要随意倾倒液化石油气残液。若发现燃气泄漏,要迅速关闭气源阀门,打开门窗通风,切勿触动电器开关和使用明火,不要在燃气泄漏场所拨打电话、手机。

（6）不要在楼梯间、公共走道内点火或存放物品,不要在棚厦内点火、存放易燃易爆物品和维修机动车辆,不要在禁火地点吸烟、点火。

（7）发现火情后迅速拨打火警电话119,讲明详细地址、起火部位、着火物质、火势大小,留下姓名及电话号码,并派人到路口迎接消防车。

（8）家中一旦起火,必须保持冷静。对初起火灾,应迅速清理起火点附件可燃物,并迅速利用被褥、水及其他简易灭火器材控制和扑救。救火时不要贸然打开门窗,以免空气对流,加速火势蔓延。

（9）要掌握火场逃生的基本方法,清楚住宅周围环境,熟悉逃生路线。大火来临时要迅速逃生,不可贪恋财物,以免失去逃生时机。逃生途中,不要携带重物,逃离火场后,不要冒险返回火场。

（10）火场逃生时,保持冷静,正确估计火势。如火势不大,当机立断,披上浸湿的衣服、被褥等向安全出口方向逃离。逃生时不可乘坐电梯。逃生时应随手关闭身后房门,防止烟气尾随进入。

（11）楼下起火,楼上居民切忌开门观看或急于下楼逃生,要紧闭房门,可用浸湿的床单、窗帘等堵塞门缝或粘上胶带。如果房门发烫,要泼水降温。

（12）若逃生路线均被大火封锁,可向阳台或向架设云梯车的窗口移动,并采用打手电筒、挥舞衣物、呼叫等方法发送求救信号,等待救援。

牢记十口诀：

第一诀：熟悉环境,牢记出口。

第二诀：保持镇静,迅速疏散。

第三诀：正确引导,有序疏散。

第四诀：不入险地,不恋财物。

第五诀：简易防护,蒙鼻匍匐。

第六诀：善用通道,莫入电梯。

第七诀：火已及身,切勿惊恐。

第八诀：避难场所,固守待援。

第九诀：发出信号,请求救援。

第十诀：缓降逃生,滑绳自救。

（三）交通安全

1. 行走安全常识

指挥灯信号绿灯亮时，准许行人通行；黄灯亮时，不准行人通行，但已进入人行道的行人，可以继续通行；红灯亮时，不准行人通行。步行外出时要注意行走在人行道内，在没有人行道的地方要靠路边行走。横过马路时须走过街天桥或地下通道，没有天桥和地下通道的路要仔细观看两侧，小心行走。

2. 乘车须知

不准在道路中间招呼车辆；机动车在行驶时，不准将身体的任何部位伸出窗外；候车时要排队，按秩序上车；下车后要等车辆开走后再行走，如要穿越马路，一定要确保安全的情况下穿行；不乘坐超载车辆，不乘坐无载客许可证、运营证的车辆。

3. 交通标线

马路上，用漆画的各种各样颜色线条是"交通标线"。道路中间长长的黄色或白色直线，叫作"车道中心线"。它用来分隔来往车辆，使它们互不干扰。中心线两侧的白色线，叫作"车道分界线"，其中虚线表示可以跨过，实线则反之。它规定机动车在机动车道上行驶。

非机动车要在非机动车道上行驶。在路口四周有一根白线，是"停止线"。红灯亮时，各种车辆应该停在这条线内。马路上用白色平行线组成的长廊就是"人行横道线"。行人在这里过马路比较安全。

4. 交通安全"六不"与"六要"

（1）六不。

① 不无证驾驶摩托车、汽车。

② 不驾驶超标电动车。

③ 不骑自行车、电动车载人。

④ 不在机动车道内骑车。

⑤ 不乘坐超载车辆。

⑥ 不乘坐低速货车、三轮摩托、拖拉机、"摩的"以及报废、非法拼装等有安全隐患的车辆。

（2）六要。

① 乘坐汽车要系好安全带。

② 乘坐摩托车、电动自行车要戴好安全头盔。

③ 横穿道路时要走斑马线。

④ 走路要走人行道。

⑤ 骑车要在非机动车道内骑行。

⑥ 要自觉做到红灯停、绿灯行、黄灯亮时不抢行。

（四）食品安全

"民以食为天,食以安为先",食品安全问题关系人民群众的切身利益。每次购买食物时,我们要做到:

（1）注意看经营者是否有营业执照,其主体资格是否合法。

（2）注意看食品包装标识是否齐全,注意食品外包装是否标明商品名称、配料表、净含量、厂名、厂址、电话、生产日期、保质期、产品标准号等内容。

（3）注意看食品的生产日期及保质期限,注意食品是否超过保质期。

（4）注意看产品标签,注意区分认证标志。

（5）注意看食品的色泽,不要被外观过于鲜艳、好看的食品所迷惑。

（6）注意看散装食品经营者的卫生状况,有无健康证、卫生合格证等相关证照,有无防蝇防尘设施。

（7）注意看食品价格,注意同类同种食品的市场比价,理性购买打折低价促销等食品。

（8）购买肉制品、腌腊制品最好到规范的市场、正规商店购买,慎购游商(无固定营业场所、推车销售)销售的食品。

（9）妥善保管好购物凭据及相关依据,以便发生消费争议时能够提供维权依据。

（10）不购买和食用"三无"产品。

（五）校园安全

学校安全工作是全社会安全工作的一个十分重要的组成部分。它直接关系到青少年学生能否安全、健康地成长,关系到千千万万个家庭的幸福安宁和社会稳定。为了将意外事故减少到最低限度,我们要注意如下五点:

1. 课余时间玩耍要注意安全

课余时间主要是休息好,并做好下一节课的准备工作。下课时,千万不要在走廊里推推攘攘,在校园里追追赶赶,以免互相碰撞,造成伤害。

2. 同学间不要做危险游戏

做游戏可以起到增长知识、锻炼身体的作用。但一些游戏非常危险,轻则伤人,重则危及生命,这类游戏不能做。不玩玻璃制品玩具、暴力性玩具(弹弓、弓箭、发射子弹的玩具枪)、含有化学物质的玩具。

3. 体育活动中的自我防护

第一,要在运动之前换上胶底运动鞋。运动鞋弹性大、摩擦力大,而塑料鞋或皮鞋又硬又滑,不适宜运动时穿。

第二,要认真做好全身准备活动,以免肌肉拉伤、扭伤、骨折等。

第三,运动前,女孩子摘下发卡、塑料或玻璃饰物,男孩子不要在衣裤内装小刀等锋利物品。

第四,要在教师或同伴的保护下做器械运动。如单杠、双杠运动时,严格按老师的要求去做;投掷标枪、铅球时,不能擅自投出或捡回,否则有可能被击中受伤,甚至危及生命。

第五,一旦摔伤,不要急于起来,其他同学也不要乱搬动受伤同学,要等校医或教师来处理。

第六,夏天运动后不要喝凉水,可以喝些淡盐水,防止中暑;运动后及时擦净汗水、穿好衣服,不要立即冲凉,以防感冒。

第七,饭前、饭后及睡觉前不要做剧烈运动。

4. 寝室里不能点蚊香与蜡烛

寝室是休息的场所。有的同学学习非常用功,熄灯后用蜡烛照明,再看一会儿书,其实这是不可取的行为。因为这既影响了他人的休息,也不能确保自己得到充分的休息,并且还存在着安全隐患。另外,在夏天,有的同学喜欢用蚊香驱赶蚊子,这同样会引发火灾。因为,当你熟睡后翻转身体时,被子或衣服可能从床上掉落到蚊香上,从而引发火灾。

5. 做到八个"不要"

第一,不要把开水往窗外倒。

第二,不要站在窗台上擦玻璃。

第三,不要在打球时戴眼镜。

第四,不要在吃饭时打冲锋。

第五,不要在下课时追赶推搡。

第六,不要爬围墙进出校园。

第七,不要跑步上下楼梯。

第八,不要聚众打架。

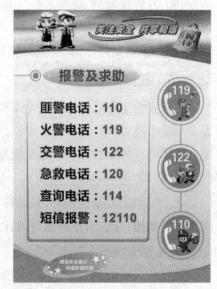

(六) 预防网络诈骗

1. 电话欠费诈骗

(1) 诈骗手段。

利用自动播放语音的电话给你打电话。例如,"您好!您的电话目前欠费××元,请迅速缴纳,以免影响通话。如有疑问请按0,转人工服务;重听,请按1"。

(2) 预防方法。

部分犯罪分子利用人们的法律意识淡薄,怕惹官司的思想,冒充水电气、宽带、电信、邮政、银行、公安等部门的工作人员,说你欠费了或邮包藏有毒品等。

这时千万不能按照骗子的提示操作,而是直接挂掉电话,拨打正规的客服电话去查证。如果你按照他的提示操作,就进入了犯罪分子设下的圈套了。

2. 短信诈骗

(1) 诈骗方法。

你可能会经常接到这样的短信:"把钱打到这张卡上就好:×××银行,××××××(账号),×××(姓名)。手机没电了,打完回复给这个号码吧。"

有时候,可能你正好准备汇款,那么就有可能被欺骗。

(2) 预防方法。

首先看清楚发给你短信的号码,陌生短信一定要核实身份,尤其在汇款之前,一定要核实身份与信息是否属实,切不可大意!

3. 装作老朋友

(1) 诈骗手法。

犯罪分子提前知道你的名字和电话号码,装作老朋友给你打电话,说要去找你,然后因各种理由去不了了,一般是出了什么事情,向你借钱。

(2) 预防方法。

对陌生电话一定要进行核实,不可盲目猜测。

4. 盗用聊天工具诈骗

(1) 诈骗手法。

盗用QQ、微信等聊天工具,联系父母、亲戚、朋友、同学等进行诈骗,一般是自己或者别人有急事,需要借钱帮忙。

(2) 预防方法。

可以电话确认,或者聊天时设置一些问题来确定对方是否本人,不可轻易相信

QQ 等工具,可视频确认一下。另外,如果确认是诈骗,一定要及时通知其他人,防止其他人被骗。

5. 网购交易异常诈骗

(1) 诈骗方法。

当你在网店拍下东西后,客服联系你说:"亲,不好意思啊,你拍下的东西目前没有货,我把钱退还给你吧!"然后问你要银行账号,要把钱直接打到你的账户里。

(2) 预防方法。

由于是在网店购买,对对方的身份比较信任,假客服会发送给你一个链接,让你进行退款申请,这个时候千万不要点击链接。

凡是接到自称淘宝客服、网店店主说你交易异常,要求退款,在没有核实情况之前,千万不要透漏自己的银行卡号、淘宝账号和密码等私人信息,更不要按照对方发送的所谓网页链接地址进行操作!

6. 假网店诈骗

(1) 诈骗方法。

犯罪分子做一个假的网店进行诈骗,一旦购买将会钱财两空。

(2) 预防方法。

对陌生的网店,首先要搜索一下这个网店的信誉如何,查看网店是否进行了 ICP 备案。要选择有信誉的购物平台,要坚持用支付宝、微信、银行卡等第三方交易平台,绝不能线下交易或直接汇款,拒绝先付定金!

7. 中奖信息诈骗

(1) 诈骗方法。

犯罪分子利用短信、微信、QQ、邮件等途径,让你知道你中奖了,但是在领取奖品前需要你先付税款。

(2) 预防方法。

对来历不明的中奖提示,不管奖品多么诱人,请千万不要相信,更不要按照所谓的咨询电话或者网页进行查证,一旦进行查证,你很有可能就此落入犯罪分子的圈套。

二、必备的求生知识

1. 人类生存的基本条件

人类生存的基本条件是空气、饮水、食品和基本生存空间。其中空气是第一位的。没有空气,只能存活几分钟;没有水,一般可以存活 7 天;没有食品,靠自身的营养储备,只要有空气、饮水,可以存活 15 天左右。人们为了生存,至少应有能让头和手脚自由活动的空间,否则人也无法生存下去。

2. 遇险自救方法

（1）当被埋困时寻求空气来源。

人遇险被埋后一旦清醒，一是慢慢活动头和四肢，清理口鼻、面部的泥沙，以获得自由活动和呼吸的条件；二是设法清除身边的泥土和障碍物，力求扩大自由活动和呼吸空间；三是切忌乱喊乱叫，焦躁不安，尽量减少氧气的消耗；四是当感觉憋气时，可寻找周围有光的缝隙，贴近呼吸。

（2）在密闭房间内保护呼吸环境。

当人们被毒气、烟火包围时，可以集中保护一个密闭房间，隔离毒气、烟火和高温。清除房内的有毒有害物品，加强房间的气密性、坚固性、耐热性和耐燃性；注意收集饮用水、食品；保持冷静，不点明火，减少室内氧气的消耗；向外发出求救信息；保持卫生，封存带异味物质。

（3）撤离缺氧场所。

用浸湿的纺织物捂住口鼻，采取低姿或匍匐动作，认准方向，向出口处快速运动；也可憋足一口气，低着身子，向出口处奔跑，逃离缺氧场所。

（4）在缺水情况下生存。

正常情况下，体重60千克的健康人，每天约需2.5升水。在失去饮用水源时，要设法保证现有水源不受污染；每次少量用水，润湿口腔、咽喉，减少水的消耗；多吃碳水化合物为主的蔬菜、瓜果及根叶类食品；如干渴难忍，还可用舌贴地、墙等办法吸潮解渴。

（5）收集尿液过滤饮用。

在饮水困难时，尿液可以应急解渴。可用桶盛尿，内置砂、泥土、卵石、木炭等过滤物质，在桶底钻个小孔，尿经过滤后较为清洁，加少量饮用水后可直接饮用。

（6）从污水中制取饮用水。

在战争或洪水灾害中，清洁水受到严重污染不能直接饮用时，可以将污水放入桶中，再放一定量的消毒片、明矾、漂白粉等，将其搅拌、澄清、过滤后饮用。也可用砸碎后的仙人掌、霸王鞭等植物作为清洁剂。注意过滤后的水要无怪味、无气泡、无颜色，方可饮用。

（7）求救信号的种类与方法。

求救信号主要有火堆、光照、色彩、反光镜、物品、声音等求救信号方式。

火堆信号：点燃距离相等的三堆火，晚上以光为主，白天可放些青草，这样形成浓烟，便于别人看到。

光照信号：利用手电筒或灯，每分钟闪光6次，反复多次。

色彩信号：穿颜色鲜艳的衣服或戴颜色鲜艳的帽子，站到突出的地方以引起别人的注意；或在高处挂鲜艳的衣服或被子等物。

反光镜信号：利用太阳光反射信号,以引起别人注意,一般每分钟6次,重复反射。材料有玻璃片、罐头皮、眼镜片、回光仪等。

物品信号：利用树枝、石块、衣物等摆放"SOS"信号,每字尽可能大一点。在雪地上可直接写出"SOS"。

声音信号：如距离不大,可发声求救;或借助打击声发出求救信号。

3. 家庭应急预案

自备防护器材,配好个人应急包,建立家庭应急物资储备处,熟知防空、防灾警报信号规定,掌握防护标志和最近路线,明确应急行动中的家庭分工,掌握自救、互救的方法。

4. 个人防护的必备物品

个人物品主要有生活用品、防护用品和有关证件。主要有：个人简便餐具、毛巾、卫生纸、棉被(毯子)、收音机、饮用水、照明工具、急救药品、消毒药品、防护眼镜、风衣(雨衣)、求生手册和个人身份证、健康证。具体物品种类、数量根据情况、时间确定。应急包放在固定位置,部分物品要定期更换。

三、延伸生命的价值

每个人的生命都有价值,都需要珍惜。我们在肯定自己生命价值的同时,也要尊重、珍爱别人的生命。特别是当他人生命遭遇困境需要帮助时,要尽自己所能伸出援助之手。

2020庚子鼠年来临之际,一场由新型冠状病毒感染的疫情以迅猛之势降临我国。疫情悄然发生、发展,让人猝不及防。这次疫情来势汹汹,蔓延迅速,严重威胁着我国人民的生命安全和身心健康。当时大家的想法是：没有特殊的情况,不要去武汉。但1月18日傍晚,中国工程院院士、中国抗击非典的领军人物84岁的钟南山还是义无反顾地赶往武汉防疫最前线。钟南山院士的出现,仿佛是一剂社会情绪的镇静剂。老百姓说："看到钟南山,心里就踏实了。"这句话就是最大的赞美和信任啊！在民众眼里,他代表正直、代表科学、代表权威。

"我们责无旁贷,随时听候调遣！"17年前,他们是抗击非典的生力军,17年后,疫情就是命令,大年三十除夕夜,他们在请战书上按下一个个红手印。和我们一样,他们也是父母、儿女,是我们身边一个个普通人。和我们又不一样,穿上军装,他们是军人。哪里有危险,哪里就有军人,哪里就有最可爱的人！

"武汉,我们来了！"接到国务院应对联防联控医疗救治组命令,2月8日,无锡市医疗系统医护人员主动出战,不到3小时就紧急组建了由30名医生、100名护士组成的共130位医护人员,再次逆行出征支援湖北,他们将接管1个重症病区。

……

只有为国家、社会和他人做出贡献,生命的价值才得以提升、延伸。这样的人生才是无悔的人生。

让我们珍爱生命,让有限的生命焕发光彩,并为之不懈努力,不断去延伸生命的价值。世界因生命而精彩,生命因奉献而闪光!

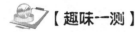【趣味一测】

下面说法对吗?

1. 自己游泳水平高,不会发生溺水事件。
2. 做人要讲义气,好朋友的忙一定要帮。

【健心活动】

1. 请出一份"尊重生命　关爱生命"的手抄报。
2. 可在班级举办一场以"尊重生命　关爱生命"为主题的诗朗诵会。

3. 古人常言,身体发肤,受之父母,百善孝为先,轻易践踏自己的生命,是对父母的不敬,所以在古代自杀自残行为都极为可耻。现代社会大家的这种观念都渐渐地弱化,越来越多的人不把自己的生命当回事,自杀自残的人越来越多。很多年轻人,因为一点点的小事,比如分手啊,和男(女)朋友闹个小矛盾啦,都要死要活的,用自残的方式希望别人回心转意,仿佛只有这样,才能挽回心爱的人。

对于这个现象,谈一下你的看法及做法。

4. 小李身体素质不好,容易生病,抵抗能力差,在疫情期间,面对新冠疫情,觉得自己更容易被感染,而对自己的健康安全感到忧虑,睡不好,吃不下,情绪沮丧恐惧,对抗击疫情感到没有信心,不知道什么时候能结束;又觉得"反正我总会生病",预防也没有什么意义,感到无望。

小李该怎么办呢?

心理健康与职业素养

第五章
学会学习　终身学习

引　言

学习是个人适应并改造环境的有力手段，也是个人成长和发展的重要条件。踏进职业学校，进入了人生中学习效率最佳的"黄金时节"，学习是我们的主要任务，但是职业学校的学习与初中阶段的学习并不完全相同，它有着很强的目的性、自主性与选择性，不是为了学习而学习，而是为了兴趣而学习，为了就业而学习。职业学校的学习，不仅是职校生成长历程的关键，更是职校生未来事业的基础。

第一节　认识学习　高效学习

【心事心语】

小雨的苦恼

自从拿到了某职业学校机电专业的录取通知书,小雨就开始有了心结:

"为什么没考上高中呢?"

"到了职业学校,我要学习些什么呢?"

到了学校,发现班级中的女同学只有个位数,她不免又忐忑起来,机电专业应该是男孩子的强项,我一个女孩子能学好吗?

小雨初中就很喜欢语文、英语等文化课,因为心理上有对机电专业课的畏难情绪,现在更是一股脑地偏向文化课的学习了。

转眼一段时间过去了,秋,迈着急匆匆的脚步走来,带来了丰收的喜悦,但也似乎孕育着凉凉的感伤。

小雨走在校园的林荫道上,路两旁的树叶发出沙沙的响声,她仿佛听到了那片树叶落在地上的轻轻触响,像心碎的声音。

"为什么一定要选择机电专业呢?就因为爸妈认为学这一专业就业前景好吗?"

"我学习也够认真的了,为什么就学不好制图等专业课程呢?"

"真的是因为我是女生?"

"我还学得下去吗?"

小雨的苦恼正是一些职校生的缩影,导致小雨没有学好专业课,不是她不够勤奋和努力,而是因为她不知道职业学校的学习与初中阶段的学习并不完全相同,职业学校的学习有着很强的目的性、自主性与选择性。要明确学习目标,为了兴趣而学习,为了就业而学习,做学习的主人,相信她的学习会更上一个台阶的。

【心理课堂】

一、认识学习

(一)广义的学习

现代心理学认为,学习是指机体由后天获得的经验而引起的比较持久的行为和行为倾向的变化。所谓行为持久的变化，就是学习所得结果可以长时间影响机体，成为机体的第二天性。个体可以表现出一种新的技能，如会开车或会游泳等。但有些学习不是马上就表现出来的，它甚至要经过很长时间才能表现出来，如对艺术的鉴赏或对某种新思想的接受，虽然并不能在人们的当前行为中立即表现出来，但影响着人们日后的行为表现，这也可以称为学习。

经验是学习的必要条件，凡不是由后天获得的经验或练习而引起的行为变化都不能叫学习。如由生理上自然成熟而引起的行为变化，由疾病引起的体力减弱以及由药物引起的行为减弱或增强都不能叫学习。

（二）人类的学习

人类学习与动物学习的区别：

（1）学习内容上的不同。人类的学习借助语言与思维的参与，除了个体经验以外，还可以掌握人类积累的全部经验；而动物的学习只局限于其自身的直接的经验。

（2）劳动的作用。人类的学习是在改造客观世界的劳动中，在同其他人的交往中进行的，而动物的行为是机体对于一定刺激所做出的单一的反应。

（3）主动与被动。人类的学习是一种主动、积极的过程；而动物的行为是一种被动的适应过程。

（三）学生的学习

学生的学习是指学生在教师的指导下，有目的、有计划、有组织、有系统地掌握前人的知识、技能，发展智力和能力，培养个性和思想品德的过程。

这种学习不仅仅是指对组织知识、技能、策略的学习，也包括态度、行为准则等的学习，不仅仅是在学校里的学习，还包括在日常生活中的学习。一方面，学习间接经验；另一方面，是在教师的指导下，有目的、有计划地进行学习。

二、学习的心理机制

从本质上而言，学习是一种心理活动，是大脑具备的机能。在这一点上，无论是大学生，还是小学生，都是相同的。所以，要了解学习的心理机制，就需要了解学习的生理机制，明确大脑是如何工作的。

大脑本身相当复杂，这里仅介绍大脑的两个特性。

（1）大脑的存储量几乎是无限的。大脑约有一万亿个脑细胞，其中的一千亿具有记忆和存储功能。这一千亿细胞中的每个细胞的信息存储量都相当于一个160G硬盘容量的计算机，而大脑中有1 000亿个这样的计算机！

大脑是通过全息的方式记忆的，它会将信息进行分类，每个细胞只记忆某一信息。一个细胞大约可与15万个细胞发生这种链接，一千亿个细胞互相链接，这个数字自然就是天文数字。实际上,我们只要思考、学习,大脑细胞就会产生新的网络链接——神经链。如果将一个人的大脑比作地球的话,它表面的新皮质的联系就是构成目前地球上的因特网。尽管大脑细胞不再生长,但大脑的每个细胞都相当于一台计算机,而且要和其他细胞相连。所以,大脑的神经链网络几乎是无限的。

实际上,人们对大脑的了解还停留在初级阶段。我们目前所有影响大脑的方法多是间接的,还没有找到直接影响大脑的通路。相对于人的寿命,大脑的存储量几乎是无限的。

(2) 大脑的潜力几乎是无限的。

① 记忆力。从根本上讲,没有好的记忆力与不好的记忆力之分,只有经过训练的记忆力和没有经过训练的记忆力之分,只要学会怎样科学地使用大脑的记忆功能,每个人都可以成为记忆的天才。目前在记忆方面,对右脑进行的开发,有令人震惊和瞠目的效果。

② 创造力。创造力是大脑的一种特殊运算程序。驾驶汽车的能力是训练出来的,创造力也是训练出来的。经过训练,任何人都可以拥有创造力,都可以创造出自己想要的几乎任何东西!

③ 理解力。能把一个事物跟自己已知的事物联系起来,找出这个事物之所以是这样的能力就是理解力。这暗含着这样一个意思:只要你的背景知识足够大,你就可以理解任何事情。所以,"我对一个事物不理解"的真实的含义是:我的背景知识不够。从这个意义上说,知识是可以随时学的,只要知识量够了,就可以理解所有的事情。

大脑的潜能是无限的。一个人终生使用大脑,其开发程度不会超过10%。据研究,爱因斯坦的大脑开发程度也未超过25%。

(3) 大脑是同构异态左右半球分工的。

要明确大脑左右半球不同的功能,合理开发大脑的潜能。

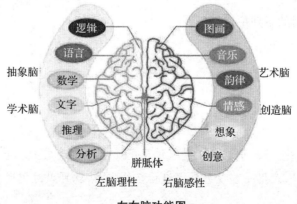

左右脑功能图

（4）遗忘与记忆。

① 遗忘的概念。

遗忘是指记忆的内容不能保持或者提取有困难。

② 遗忘的规律。

艾宾浩斯遗忘曲线告诉人们，在学习中的遗忘是有规律的，遗忘的进程很快，并且先快后慢。观察曲线，你会发现，学得的知识在一天后，如不抓紧复习，就只剩下原来的25%。随着时间的推移，遗忘的速度减慢，遗忘的数量也相应减少。

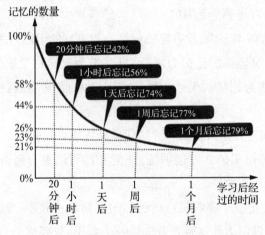

艾宾浩斯遗忘曲线

有人做过一个实验，两组学生学习一段课文，甲组在学习后不复习，一天后记忆率36%，一周后只剩13%。乙组按艾宾浩斯记忆规律复习，一天后保持记忆率98%，一周后保持86%，乙组的记忆率明显高于甲组。先快后慢，距离学习的时间越近，遗忘得越多；距离学习的时间越远，遗忘得越少。

③ 影响遗忘的因素。

A. 识记材料的性质与数量。

B. 学习的程度。

C. 识记材料的系列位置。

D. 识记者的态度。

◆ 心理阅读一

改善和促进记忆的方法

遗忘是记忆的大敌，是信息在提取过程中发生障碍造成的。若在信息的编码、储存、提取各阶段，应用一些改善和促进记忆的方法，就可以避免遗忘。

1. 组织有效的复习

（1）复习要及时。

（2）正确分配复习时间，包括集中复习和分散复习。分散复习效果较好，一般开始复习时，时间间隔要短些，以后可以长一些。

（3）阅读与重现交替进行，可以提高复习的效率。重现能提高学习者的积极性，看到成绩，增强信心，发现问题和错误时，有利于及时纠正。抓住材料的重点和难点，使复习更具有目的性。

（4）注意排除前后材料的影响。复习时要注意材料的序列位置效应，对材料的中间部分要加强复习。

2. 利用外部记忆手段

好记性不如烂笔头，对一些比较有价值的东西，不妨用笔记下来。形式可以多样，如写笔记、记卡片、编提纲、将需要存储的内容存入计算机，然后再进行复习等。

3. 注意脑的健康和用脑卫生

人脑的健康状况直接影响记忆的好坏。

食物是影响记忆力的重要因素，严重营养不良，特别是缺乏蛋白质会使记忆力严重下降。在进行高强度的学习和记忆时，身体需要大量的营养，每天必须摄入足够的养分。牛奶、鸡蛋、鱼类、贝类、味精、花生、小米、玉米、黄花菜、辣椒、菠菜、橘类、菠萝、胡萝卜、梨、藻类、卷心菜、大豆、木耳、杏、葡萄、蓝莓都是可以增加记忆力的食品，可以在每天的食谱中增加这些食物，以增强自己的记忆力。

相反，吸毒、酗酒、脑外伤、摄食高脂肪食品和被重金属污染的水和食物，经常处在污染的环境下（如电磁污染，包括空调、计算机、手机、电视广播发射塔、高压电线、机场、雷达、家电等能产生电磁场的所有电器或设备）等，都会给记忆带来不良影响，需要避免。

心理学把人的机体、生理和心理的总和，特别是大脑的结构和机能的特点称为先天素质，包括遗传素质和胎儿胚胎期或成熟后受的所有影响。先天素质与生俱来，具有相对的稳定性。不同的基因决定了不同的遗传特征。先天素质为能力的培养和发展提供了前提，但对能力的形成和发展具有一定的制约因素。先天色盲者不能分辨色彩，不能成为画家；同样地，聋哑人也难成歌唱家等。人的先天素质不能决定能力的发展，却能制约能力的培养和发展。相反，先天素质好的人靠吃老本，不去奋斗，能力同样也不会得到培养和发展。

三、把握时间规律 提高学习效率

人的一生要处理很多事情，有火烧眉毛的急事，有改变命运的大事，还有芝麻绿豆的小事等。若时间充足,就可以让你有条不紊地逐一处理,而更多的时候,同一时间你需要面对好几件事,这些事状况不一,性质不同,这时候如何有效地解决它们,避免事后敲警钟就成了必须思考的难题。

◆ 心理阅读二

笼子的高度

有一天,动物园管理员们发现袋鼠从笼子跑出来了,于是开会讨论,一致认为是笼子的高度过低引发的事故。所以他们决定将笼子的高度由原来的10米加高到20米。结果第二天他们发现袋鼠还是跑到外面来了,所以他们又决定一不做二不休,将笼子的高度加到100米。

一天长颈鹿和几只袋鼠在闲聊。长颈鹿问:"你们看,这些人会不会再继续加高你的笼子?"袋鼠说:"很难说,如果他们再继续忘记关门的话!"

在这个故事中管理员的目标很明确,那就是要确保袋鼠不能出来,但是在完成这一目标的过程中,并没有认清问题真正的原因。笼子增高确实能降低袋鼠逃跑的概率,真正重要的事却是门没关好。只有认清了重要的事,才能正确地处理。

(一) 时间管理的四象限法则

也许你对"要事第一"的理论有所耳闻,简单通俗地来说,"要事第一"就是重要的事要先做。任何事都先要思想上主动设计,然后付诸行动。我们要从一堆事中区分出什么是"要事"。对此,我们提出一个有效管理时间的建议,那就是"四象限法则"。

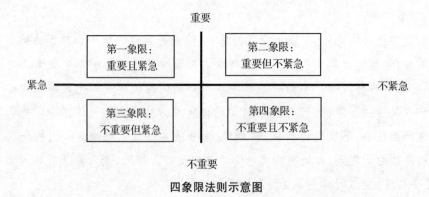

四象限法则示意图

第一象限:重要且紧急的事。例如,身患疾病、期末考试等。

第二象限:重要但不紧急的事。例如,制定的目标、锻炼身体、学习计划等。

第三象限:不重要但紧急的事。例如,普通的电话、买菜做饭、生活缴费等。

第四象限:不重要且不紧急的事。例如,打游戏、看电影、娱乐消遣等。

按重要与紧急象限划分,事情的重要性就很容易看出来了,我们生活中大部分事情都能适用于这个象限。事情的重要与否取决于个人意识,与你的目标密切相关,凡是对实现个人目标越有利的,便是越重要的。对用"四象限法则"区分后的事情,用"埃森豪原则"处理就简单多了。

第一象限(重要且紧急):需要立即处理。

第二象限(重要但不紧急):稍后再处理。

第三象限(不重要但紧急):没事再处理或者委托他人处理。

第四象限(不重要且不紧急):丢进纸篓里。

(二) 番茄时钟的使用

随着社会的发展,生活节奏越来越快,每天都要处理很多事情,故如何高效地管理时间就非常重要。这里为大家介绍番茄时钟法。

1. 工具/原料

(1) 番茄时钟 App 或秒表。

(2) 一份待办事项清单。

2. 方法/步骤

(1) 记录下所有待办事项。把你今天需要处理的工作,输入番茄时钟 App 或者抄到今天的番茄记录表格中。找出最重要的事情,然后开始执行。

(2) 开始计时,将计时器设置到 25 分钟,然后开始专注地工作。

(3) 25 分钟就是一个番茄周期,在这 25 分钟里,你不能被打断,如果你突然想打电话、逛淘宝等,都需要记录到番茄记录表的"计划外事项"清单中,记录完毕之后,马上回到专注的工作中来。

(4) 当 25 分钟结束,闹钟响起,一个番茄周期结束,立即停下工作,在番茄记录表的该事项后面做一个完成的标记,休息 5 分钟。在休息期间,不想与刚才工作有关的任何事情。

(5) 5 分钟休息时间结束,便开始下一轮的番茄周期。当完成四个番茄周期之后,休息时间可稍长一些,长度为 15 分钟。

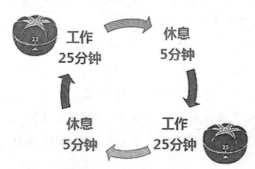

如此反复完成一天需要做的事情!

3. 注意事项

（1）在执行过程中，一个番茄周期是不可分割的，如果被打断，那么就算作废。

（2）如果一项任务需要花费的时间超过5个小时，则需要把这个任务作为一个项目，分解为多个小任务。

（3）番茄时钟时间管理法的关键点就是提高人的专注力，一个时间只做一件事。这点至关重要！

（4）番茄时钟适用于需要整块时间处理的事情，小事情请忽略番茄时钟。

根据生理学家研究得知：人的大脑有一定的活动规律。应根据这一规律，安排学习和生活。

① 早晨刚起床，宜阅读语文和背诵英语单词，也可以参加一些体育锻炼。

② 上午做一些严谨的工作，上课认真听讲，做好课堂笔记。

③ 下午除听课外，要快速准确地做一些当天的书面作业。

④ 晚上加强记忆和理解，预习第二天的功课。

⑤ 中午、傍晚的空隙时间宜安排一些不费力的事务性工作，如看看报纸、收集写作素材、散步和休息等。

【趣味一测】

本问卷用于了解职业学校学生在学习动机、学习兴趣、学习目标制定上是否存在行为困扰，共由20个题目构成。测验时，请仔细阅读问卷中的每一个题目，并与自己的实际情况相对照。若觉得相符，请在题目后打"√"；若觉得不相符，则打"×"。

1. 如果别人不督促你，你极少主动地学习。

2. 当你读书时，需要很长的时间才能提起精神来。

3. 你一读书就觉得疲劳与厌倦，直想睡觉。

4. 除了老师指定的作业外，你不想多看其他书籍。

5. 如有不懂的，你根本不想设法弄懂它。

6. 你常想自己不用花太多的时间，成绩也会超过别人。

7. 你迫切希望自己在短时间内就大幅度提高自己的学习成绩。

8. 你常为短时间内成绩没能提高而烦恼不已。

9. 为了及时完成某项作业，你宁愿废寝忘食、通宵达旦。

10. 为了把功课学好，你放弃了许多感兴趣的活动，如体育锻炼、看电影与郊游等。

11. 你觉得读书没意思,想去找个工作。

12. 你常认为课本的基础知识没啥好学,只有看高深的理论、读大部头作品才带劲。

13. 只在你喜欢的科目上狠下功夫,而对不喜欢的科目放任自流。

14. 你花在课外读物上的时间比花在教科书上的时间要多得多。

15. 你把自己的时间平均分配在各科上。

16. 你给自己定下的学习目标,多数因做不到而不得不放弃。

17. 你几乎毫不费力就实现你的学习目标。

18. 你总是同时为实现几个学习目标忙得焦头烂额。

19. 为了对付每天的学习任务,你已经感到力不从心。

20. 为了实现一个大目标,你不再给自己制定循序渐进的小目标。

记分规则与解释:

每个题目若打"√",记 1 分;若打"×",记 0 分。

上述 20 个题目可分成 4 组,它们分别测查学生在学习欲望上四个方面的困扰程度:1~5 题测查学生动机是不是太弱;6~10 题测查学生动机是不是太强;11~15 题测查学习兴趣是否存在困扰;16~20 题测查学习目标是否存在困扰。假如被试者在某组(每组 5 题)中的得分在 3 分以上,则可认定他们在相应的学习欲望上存在一些不正确的认识,或存在一定程度的困扰。

【健心活动】

小明的星期天

星期天,小明同学起床后打算好好学习一上午,下午回校出黑板报。9 点钟他准时坐在书桌前,心想:先做数学作业好呢还是先做物理作业?明天还有物理考试,要好好复习一下;语文要写一篇作文,周二上交,先做什么呢?犹豫了好久小明决定先把书和作业本找出来,20 分钟后他找出所需要的东西,刚要坐下,他看到凌乱的桌面,心想不如先收拾整理,为今天的学习提供干净舒适的环境。

30 分钟后书桌收拾整洁了,他满意地到客厅倒了一杯水喝了一口,稍做休息。无意间他发现杂志上的彩图十分诱人,便拿起来看,看了一页又一页,不知不觉已经 10 点多了。好不容易做作业了,可刚坐下有同学来电话与他无边无际地聊了约 30 分钟。挂上电话,见弟弟在一旁玩游戏,便与弟弟一块儿玩起来,毕竟一个星期没与弟弟玩了……

很快就到了 12 点,他想写作文是颇费脑筋的,没有比较完整的时间是难以写好的,倒不如下午再好好做。午饭后,他马上就回房间做作业。可是才一会儿,眼皮就开始打架,他想平常这时候也正是午睡时间,今天反正是星期天就好好休息吧。于是,放心睡了。

一觉醒来已是下午3点多,他果然感到精神充足,打开电脑上网,关机时已快5点,这下他着急了,怎么办呢?赶紧做明天要交的作业吧,作文周二交,明天再作打算好了。至于黑板报,不是还有其他同学出吗?明天的物理考试?唉!只能明天临时抱佛脚了!

思考:

1. 说说小明不能合理利用时间的原因有哪些?按照时间管理的四象限法则,找出小明在星期天所做事情的轻重缓急。

请根据优先原则,帮助小明把今天的事项排好序:数学作业、物理作业和复习物理、写作文、找书和作业本、整理桌面、看报纸杂志、电话聊天、与弟弟玩、午睡、上网、出黑板报。

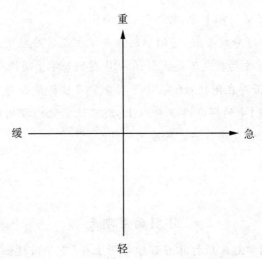

2. 说一说如何正确使用大脑来高效地进行学习。

第二节　注重实践　终身学习

习近平总书记说,劳动者素质对一个国家、一个民族发展至关重要。技术工人队伍是支撑中国制造、中国创造的重要基础,对推动经济高质量发展具有重要作用。要健全技能型人才培养、使用、评价、激励制度,大力发展技工教育,大规模开展职业技能培训,加快培养大批高素质劳动者和技术技能型人才。要在全社会弘扬精益求精的工匠精神,激励广大青年走技能成才、技能报国之路。

【心事心语】

惠山中专学子搏浪互联网创业潮

任韧,男,江苏省惠山中等专业学校2011级学生,在校期间,任韧独立创建无锡青麦网络科技有限公司,创办"E网试用"(www.ewshiyong.com),从事淘宝周边服务,公司运行良好。

在2015年江苏省职业学校创业能力大赛上,任韧的"E网试用"项目在全省72所职业学校160个参赛项目中脱颖而出,以总分第三名的优异成绩,一举捧得二等奖。

"前不久,刚从投资人处获得了300万元风投,今年预计公司将实现利润300万元。"坐在自己60多平方米的办公室里,任韧言谈中充满自信。

2008年,母亲给读初一的任韧买了第一台电脑。玩了半年多的游戏,兴趣索然的他就萌发了利用电脑创业的念头。恰好,他遇到一位正在读大学的朋友,在这位大学生手把手指点下,他自学网络知识,两人合伙做起帮客户建网站的生意。短短两年多时间,他们先后为500多家用户建立了网站。2010年,经过一番分析和考察,他决定放弃到淘宝上开网店、靠"倒差价"赚钱的念头,另辟蹊径当起了电商运行的第三方服务商,为网络商家提供网店托管、店铺装修、店铺等级维护等服务。

一路走来,任韧的创业之路充满艰辛。每天晚上,他埋头工作、学习,直至凌晨一两点钟才睡觉。双休日早上8点起床后,就端坐在电脑前,一坐就是10多个小时。令他印象深刻的是,2013年,他亲历了国内电商第三方服务市场出现的倒闭潮。"当时我的团队已位居国内这个行业第七、第八名,每个月收入也仅能养活自己。但想想我只是一个学生,不需养家糊口,咬咬牙就坚持了下来。结果,半年后,市场行情又开始好转。"

任韧感叹说,学校为他的创业提供了良好的环境,他首次获得的300万元风投就是在代表学校参加省、市创业大赛时,被台下一名天使投资人相中的。2017年,在学校老师的支持下,他注册了自己的公司,在西站物流园租了300平方米的办公场地,聘请了13位平均年龄才22岁的员工。目前,公司拥有直接客户5万多,下级加盟商100多家,在行业中有了一定的知名度。他未来的目标是建立一所电商培训学院,帮助更多的人实现网上创业。

任韧同学的创业经历正是验证了职校生用技能作为开启职业人生的金钥匙。

【心理课堂】

一、技能,开启职业人生的金钥匙

在实现中华民族伟大复兴中国梦的时代背景下,职业教育开启了改革发展新征程,承载着地方经济振兴发展的庄严使命。经过近几年的求索创新,全国职业教育迅猛发展,校企合作、产教融合突显成效,现代学徒制、双元培育人才培养理念深度融合模式逐步推广,职业教育人才培养质量显著提升,全国、全省技能大赛上摘金夺银、捷报频传,中职毕业生就业率始终保持在96%以上,职业院校办学实力迅速提高,教学手段及实训设备现代化水平不断提升,职业教育焕发出前所未有的蓬勃活力,为当地经济社会发展培养了大批专业技能人才。

学好技能,立身之本。常言道,"一技傍身不用愁",专业技能是人生一笔重要的财富。一个人的核心竞争力的关键在于其素质的稀缺性。如果一个人拥有了企业所需要的稀缺资源,就会受到特别的青睐,这些特质也是个人走向成功的重要条件。

技能是通过练习而自动化了的动作方式或智力活动方式,包括动作技能和智力技能。比如,说话、行走、写字、操作机器、接待服务、推销产品、运算、构思文章等,都是技能的表现。技能的自动化是指个体无需意识的有意控制,就能协调有序地完成相关动作和智力活动,从而降低技能操作中的心理资源的消耗,提高效率。比如,织毛衣织到熟练时,根本不需要盯着针线看,也能织出高质量的产品。

据统计,2014年我国城镇企业共有1.4亿名职工,其中技术工7 000万人。在技术工人中,初级工占60%,中级工占35%左右,高级工仅占5%。发达国家的情况则正好相反。在发达国家,技术工人中高级技工的比例超过35%,中级工占50%以上,初级技工不到15%。2014年,教育部已经明确改革方向:国家普通高等院校1 200所院校中,将有600多所院校转向职业教育,转型的大学本科院校正好占高校总数的50%。教育部副部长鲁昕表示,短期来看,突出的矛盾表现在高校毕业生就业难和市场上所需要的技术技能人才供给不足的矛盾。我国每年毕业大批大学生,2013年毕业699万,但就业率只达到了77.4%。首次出现高职高专毕业生的就业率超过普通大学生的就业率,这说明企业中第一线的技术技能人才相对短缺。

影响技能形成的因素有很多,比如,学习者的基础和学习准备状况,学习技能的动机、兴趣、意志,技能的性质,指导者示范和说明的状况,与实践结合的程度,奖惩的状况,等等。概括来说,学习和掌握技能要注意以下几个方面:

(1)明确技能学习的目的,提高学习的主动性和积极性。

（2）通过仔细观察和认真接受指导，了解所学技能的结构、要求和关键点。

（3）通过思考、模仿和练习，初步掌握技能的各环节和要求，并将技能训练的各个环节初步整合形成一个整体。

（4）通过反复练习和实践，技能达到自动化的程度。

（5）在练习和实践之后，要及时了解结果，对照要求，对技能学习中的错误进行纠正，对正确部分加以保持，还可以对自己进行一定的惩罚或奖励，并可寻求老师和同学的帮助，以提高训练的效率。

（6）学会"举一反三"，灵活运用所学技能。

（7）任何的技能学习都要经过一个长期又艰难的过程，肯下功夫才能成功。

二、实践，培养技能的重要途径

2013年11月，十八届三中全会明确要求深化教育领域综合改革，指出：必须加快现代职业教育体系建设。

1. 突出开放性，体现职业教育与市场需求、受教育者和其他教育的沟通

职业教育对市场的开放体现在"两个适应"：适应科技进步带来生产方式变革的需要，适应产业升级对职业人才的需要。职业教育对受教育者的开放体现在"两个面向"：成为面向人人、面向全社会的教育。职业教育对其他教育的开放体现在"两个衔接"：职业教育与普通教育的衔接、职业教育与职业培训的衔接。

2. 突出完备性，体现从中职到高职专科、高职本科、专业学位研究生的贯通

构建从准学士、学士、专业硕士到博士的学位体系，完善从初级工、中级工、高级工、技师、高级技师到卓越工程师的职业资格体系，形成结构合理、类型多样、相互贯通、功能完善的职业人才成长"立交桥"。

3. 突出发展性，体现职业预备教育、职业教育、职业继续教育的连通

加强职业预备教育，强化职业继续教育，整合职前职后教育资源，系统设计有利于劳动者工学交替、多次选择、互动开放的课程体系和学习方式，满足个人多样化、终身化的学习需求，构建职业预备教育、初次职业教育和职业继续教育统一连续的系统。

4. 突出灵活性，体现学历证书、学位证书与职业资格证书的融通

建立符合职业人才成长的招考制度，改革学制、学籍和学分管理制度，推进普通高校、高职院校、成人高校之间学分转换，拓宽终身学习的通道。推行学历证书与职业资格证书相结合的职业教育等级证书制度。

学习有法，但无定法，贵在得法。职校学生听课时要注意以下几个方面：① 做好准备，调整心态。② 专心听讲，一丝不苟。③ 当堂理解，力求掌握。④ 把握特点，弄清思路。

技能学习有高招。

（1）观察高水平示范，包括现场观察、视频观察等。

（2）多样化实际操作练习，如集中练习与分散练习、整体练习与部分练习、模拟练习与实际练习等。

（3）及时获得反馈。技能练习之后，及时请教专家、高手的意见和建议。

（4）小组合作探究学习。

（5）小步推进法。每天进步一点点，点滴进步终获大成。

（6）勤于实践。"纸上得来终觉浅，绝知此事要躬行。"

你们所在的学校为你们提供了哪些可以提高技能的实践平台？

◆ <u>材料分享</u>

一技之长的实例：紧紧围绕烹饪做文章、"干一行爱一行"的方爱平

2005年7月，中国食文化研究会在北京钓鱼台国宾馆召开表彰大会。36名专家学者被授为"中国食文化突出贡献专家"，所有获奖者中，武汉大学讲师、珞珈山庄总经理方爱平，是唯一一位厨师出身的专家。

方爱平来自鄂州农村，1982年17岁时，他参加高考，被武汉市第二商业学校烹饪专业录取。"当初一心只想跳出农门，听说城里的孩子不愿学烹饪，所以才选择了这个'冷门'。"方爱平说，在系统学习了《烹饪史》《饮食风俗》《营养学》《卫生学》等课程后，他意识到当厨师也能做大学问。慢慢地，就有了"干一行要爱一行，学一行要钻一行"的想法。

学习之余，方爱平总爱琢磨菜式。看到一张乒乓球比赛的金杯纪念邮票，他便尝试做金杯样式的冷碟。搭配色彩、拼摆图案，方爱平足足研究了半个月。最后选定将鸡蛋黄蒸熟，切成片拼做金杯的主体，点缀牛肉、黄瓜、番茄等，样式新颖且色泽鲜亮。

1985年中专毕业后，方爱平在一家招待所当厨师。这段时间里，他迷上了研究饮食文化。招待所附近就是武汉市图书馆，那里藏书颇丰。每天忙完午餐，方爱平就带着一身油腥味赶到图书馆看书，一泡就是三个小时。唐代《千金食治》、元代《饮膳正要》、清代《调鼎集》《随园食单》等古文献都是他常读的书。从中，他领略到中国古代食文化的奥妙："任何一种食物，在原料、历史、营养、民俗等方面都藏着大学问。"

读的书越多，方爱平思考得也越多。他喜欢一边思考一边写作，陆续在杂志上发表了"古风犹存话酒旗""民间婚嫁食俗""春节食俗漫话"等数十篇文章。1986年，武汉大学后勤部门办了一所中专，招聘烹调专业的老师。方爱平前去应聘，凭借曾发表的一些作品,他从众多竞争者中脱颖而出。在大学校园里,他一面教书,一面读书,先后修完了大专和本科课程。还陆续编写了《中华酒文化辞典》《宴会设计与管理》《饮食风俗》《国食》等18部食文化专著,共计约200万字。1993年,方爱平被武大聘为讲师,给该校旅游专业学生授课,讲授酒店管理、餐饮服务等知识,并在学校开设饮食文化论坛讲座。

成为武汉大学珞珈山庄"庄主"后,方爱平还尝试将文化融入饮食经营中。他将山庄里的"雅逸斋"餐厅,设计成明、清时期学者的书房。红木书架上,古朴典雅的装饰,书香与菜香的融合,让人怡然自乐。顾客进入餐厅,可随意取书阅读,进餐完毕,发现中意的书,可购买带走。这间餐厅既是餐厅,又是书店。"雅逸斋"里陈列的都是武大教师所著的书,既点缀装饰了餐厅,又宣传了学校的学术成果,还能带来经济效益。

小组讨论、回答:"一技之长"和"技多不压身"哪个好?他们的经历中有什么共同之处?给我们带来什么启发?

三、学会学习,终身学习

下面是一份新闻报道:

96岁老翁成全球最老大学毕业生

常言道"学海无涯"。据2018年3月26号日媒报道,在日本,就有一位96岁的老人十分好学,花了11年时间在京都造型艺术大学修完陶艺课程,成为全球最老大学毕业生。据报道,近日,平田繁实周在校长尾池和夫手上接过毕业证书,正式成为全球最老大学毕业生,他表示:"能快乐读书真幸福,感谢给予我支持的人士,也庆幸能够健康地活着。"

对此,该校校长尾池和夫更鼓励平田继续深造,攻读硕士学位,校方还准备向吉尼斯世界纪录提出申请。据了解,平田繁实周在11年前报考京都造型艺术大学陶艺专业函授课程,除了在家做功课,还到学校上课200天,今年年初终于完成了有关陶艺史的论文。

出生于日本广岛的平田,已经有五个孙辈和四个曾孙。26年前他开始学习陶艺,并将自己的家改造成陶艺工坊。

终身学习是指社会每个成员为适应社会发展和实现个体发展的需要,贯穿于人的一生的、持续的学习过程。也就是"活到老学到老"。终身教育就是包括人一生所受的各种教育的总和。纵向而言,包括家庭教育、学校教育与社会教育的衔接;横向而言,是正规教育、非正规教育与非正式教育的协调。

联合国教科文卫组织曾指出:"未来的文盲将不再是不识字的人,而是不会学习的人。"在当今的学习型社会中,谁的学习能力强,学习速度快,谁就能成为时代的弄潮儿,否则就会被时代无情抛弃。

(一)终身学习

1. 学会求知

学会求知,就是要摒弃传统的"上学—工作—退休"线性学习模式,确立"学习—工作—学习"、工学交替、循环往复的多维终身学习模式。学习知识的过程永无止境。现代社会,工作性质和内容一直在变化,学习过程与工作经历的结合就会越来越紧密。

2. 学会做事

学会做事有三种含义。

(1)"学"不是指获取智力技能,而是培养社会行为技能(包括处理人际关系、解决人际矛盾、管理群体等能力),这些更多的要在工作实践和人际交往中培养。

(2)从学会掌握某种职业的实际技能,转向注重培养适应世界变化的综合能力,包括合作精神、创新精神、风险精神、交流能力等。

(3)学会做事,就是要学会以首创精神培养适应未来职业(工作)变动的应变能力,以及在具体的市场环境中创造就业机会的能力。

3. 学会共处

学会共处包括:了解自身、发现他人、尊重他人;学会关心、学会分享、学会合作;学会平等对话、互相交流;学会用和平的、对话的、协商的、非暴力的方法处理矛盾、解决冲突,最终实现互利共赢的人生境界。

4. 学会做人

学会做人,建立在前三种学习基础上,它是我们学习的根本目标。学会做人,不只是"生存"或"存在",而是"成为真正意义上的人""成为完整的人"。学会做人,应超越单纯的道德、伦理意义上的"做人",包括适合个人和社会需要的情感、精神、交际、亲和、合作、审美、体能、想象、创造、独立判断、批判精神等,成为马克思所言的"全面发展的人"。

(二)职校生如何终身学习

职校生要具备终身学习的理念,应注意以下几点:

（1）要树立自主学习、终身学习的理念，培养自主学习的能力，养成自主学习的习惯。

（2）要做好人生各阶段的初步规划，根据自身的需要、兴趣、能力、条件和社会的需求选择能实现目标的学习内容。

（3）应熟悉多元的学习渠道，把握各种学习的机会，善于分析、评判、筛选学习信息，善于取舍。

（4）树立信心，勤奋学习，不怕困难，勇于挑战。

（5）学习要做到灵活变通、触类旁通、融会贯通、学以致用。

（6）学习中要学会自我激励，把曾经痛苦的学习经历当作人生的一笔财富，把成果作为回报，并享受学习的过程。

2018年，习近平总书记在北京大学师生座谈会上的讲话中指出"玉不琢，不成器；人不学，不知道"。知识是每个人成才的基石，在学习阶段一定要把基石打深、打牢。

习近平总书记的这句话，给我们揭示了每个立志于献身伟大事业、为人民谋福祉的人，都必须不断地求学创新，坚持终身学习的道理。全民终身学习是时代发展的要求。因此，我们每个人都要有学习的紧迫感，要清醒地认识到：不学习，将会被时代所淘汰；不学习，社会发展就会裹足不前，对个人成长、社会发展，乃至整个国家的发展是百害而无一利的。只有坚持终身学习，才能促进思想观念的更新、精神状态的振奋和思维方式的变革，才能保持与时俱进的步态，日新其德。

一是要牢固树立终身学习的理念。要有"生命不息、学习不止"的观念，使持续学习、终身学习真正成为时代的生存理念。我们须发扬学而不厌、锲而不舍的精神，终身勤学不辍，不断汲取新信息，获得新知识，掌握新技能，提高自主创新能力，积极应对新挑战。

二是要刻苦勤奋，持之以恒。勤奋学习既要制定长远的学习目标，又要有近期的学习方案，做到脚踏实地和持之以恒；勤奋学习还要融入一定的学习载体，主动参与各种方式的学习型组织的培训，让自己始终处于兴致勃发的学习氛围中。另外，坚持终身学习，要克服急功近利的功利主义思想，切忌心浮气躁。只有坚持既定的学习目标，如矿工钻探深井，孜孜不倦，方得始终，才可收获学习的成果。

三是要把学习和工作有机结合。学习的目的在于应用。在实践中不断地发现问题，再用学习的新的理论提供的世界观和方法论来重新审视问题，并根据不同的实际情况，采取相应的措施，这就是理论联系实际的最好应用，也只有这样，才能把问题解决好。工作是个人价值实现社会化的载体，要积极营造"学习快乐化、快乐学习化，工作快乐化、快乐工作化"的学习、工作氛围，实现理论联系实际、理论指导实践、实践验证理论的多元目标。

时代不断前行,历史的车轮轧轧驶过,每一个时代都具有自己的特点,我们生存的这个时代,学习终身化、文明世界化、经济全球化,一切的一切,都鞭策着这个时代里的每一个人,个人是社会机体的神经末梢,个人的终身学习既能使自己的素养和能力得到提升,也能改变时代和社会的风貌。继往开来,与时俱进,让我们一起携手,学习,进步,再学习,再进步,以担负起这个新时代赋予我们的使命。

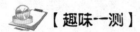【趣味一测】

职校生学习方法测试表

请你根据自己学习的实际情况,对符合自己情况的打"√",不符合的打"×"。

1. 你是否觉得学习很乏味、没意思? （　　）
2. 你的起床时间与就寝时间是否毫无规律? （　　）
3. 你上学、上课前很少能提前做好准备? （　　）
4. 上课或自习时难以聚精会神、常开小差吗? （　　）
5. 你是否对弱科、不喜欢的学科就不愿意学? （　　）
6. 你游玩的时间是否经常挤占学习时间? （　　）
7. 你是否学习上很少受到鼓励和表扬? （　　）
8. 你是否每天有固定的时间学习? （　　）
9. 课上你是否经常有些听不懂? （　　）
10. 你是否觉得学习主要就是上课和写作业? （　　）
11. 在学习时间同学相邀去玩,是否欣然答应? （　　）
12. 你是否觉得自己学的知识不扎实,甚至前面学、后面忘? （　　）
13. 你的作业是否都是独立完成的? （　　）
14. 受老师表扬,是否更喜欢学校,并对这位老师兴趣倍增? （　　）
15. 学习除了书本还是书本吗? （　　）
16. 你是否知道自己什么时间的记忆效果最好? （　　）
17. 你是否有以前做过的题,过段时间又不会做了? （　　）
18. 遇到不明白之处,是否有查字典、参考书或请教老师、同学的习惯? （　　）
19. 当你遇到学习上不懂的问题,你是否设法弄明白? （　　）
20. 你是否常与同学讨论学习上的问题? （　　）
21. 你是否觉得许多不懂的问题多读几遍书就明白了? （　　）
22. 在学习上你是否常常应付,或得过且过? （　　）
23. 你是否爱护教科书、参考书? （　　）

24. 技能实训课上,你是否操作不熟练,决不罢休? （　　）
25. 上技能实训课前,你是否好好熟悉书上的要点? （　　）

评分与解释:

8、13、14、16、18、19、20、21、23、24、25 打"✗"记 1 分,打"✓"记 0 分;其余各题打"✓"记 1 分,打"✗"记 0 分。将各题总分相加,算出总分。

总分 20 分以上,说明你的学习方法很差。

总分 10～20 分,说明你的学习方法有缺陷。

总分 10 分以下,说明你的学习方法良好。

【健心活动】

统筹的智慧——学习过五关

活动目的:

了解 SQ3R 学习法。

活动过程:

一、热身活动:脑筋急转弯

脑筋急转弯属于一种反向思考方式,可帮助学生从不同于平常的角度去思考事情,一方面可刺激学生思考,另一方面可以引入主题。

1. 有个病人到医院去做检查,结果医生告诉病人说你要看开一点,请问这个病人得了什么病?
2. 你要买什么样的蛋,才不会买到里面已经孵了小鸡的蛋?
3. 一位即将被枪决的犯人,他的最大愿望是什么?
4. 什么样的桶永远装不满?
5. 地震的时候,在什么地方最安全?
6. 开车时突然发现一个老人和一只小狗,你会先撞哪一个?
7. 有一个问题,不论你问到任何人,答案都是"没有",请问那是什么?
8. 某人被一个从 300 米高空落下的东西砸到头,却没有受伤,为什么?
9. 一个断了右手的球员,为什么还能一边喝饮料,一边玩球?
10. 为什么老王家养的马可以把老李家的大象生吞活剥?
11. 今年圣诞夜,圣诞老人放进袜子里的第一件东西是什么?
12. 什么球不能踢?
13. 打什么东西,不必花力气?
14. 小王开着空出租车出门,为什么一路上都没有人向他招手租车?

二、拼图分组(SQ3R学习过五关)

1. 了解五步骤。

老师把SQ3R活动海报打开,分别解释每个步骤,并请各组讨论。

(1) 概览(survey)时要有什么样的印象?

(2) 发问(questions)时要问什么,对自己才有帮助?

(3) 精读(read)时要把握住哪些重点线索?

(4) 背诵(recite)时要背哪些重点?

(5) 复习(review)时要复习什么?自己最会忘掉的是什么?

2. 记忆大考验。

(1) 发下装在信封中的故事,计时5分钟开始。

(2) 老师在到时间后,请每一组上台复述故事。

(3) 每提到一个故事中的人、时、事、地、物,就得1分。分数最高者获胜。

三、活动分享

1. 经过刚才的比赛之后,是否发现哪个阶段不太容易做到?

2. 那些不容易做到的点是因为什么而做不到(如不专心)?

3. 总结评价此次活动,在家庭学习中练习运用SQ3R学习方法,训练自己的注意力集中程度和集中时间。

(脑筋急转弯答案:斗鸡眼,鸭蛋,穿上防弹衣,马桶,在飞机上,应该踩刹车,你睡了没,因为那是雨,他在玩足球,玩象棋,他自己的脚,铅球,打瞌睡,他走的是高速公路。)

4. 说说你已经掌握了哪些生活技能?可以尝试周末回家用手机录制一个短片,并在班级相互分享、交流。

5. 结合你目前的专业谈谈应该具备哪些基本条件,才能达到较高的专业技能水平。

6. 理解终身学习的概念,并给自己制作一份终身学习的计划。

第六章
规划生涯　开创未来

引　言

知识的储备是为了更好地适应社会。了解产业、行业与职业，知道所学专业对应的产业、行业及其在本区域的发展趋势。了解职业生涯规划的重要性，从而树立正确的观念，努力学习专业知识，掌握技能，学会制定一份激励自己奋发向上的职业生涯规划书，实现职业目标。适时调整自己的就业心态，积极适应职场生活，挖掘自身潜力，开展创业实践活动。

第一节　走进职业　规划生涯

【心事心语】

小李的选择

小李,某职校的学生,学的是机电专业,专科一年级的时候对计算机十分感兴趣,于是自己在网上购买了许多程序设计语言方面的书籍自学。到了专科二年级,发现自己对动画制作更感兴趣,然后书桌上面便又开始堆积着和动画制作有关的书籍。到了专科三年级,周围的很多同学陆陆续续开始准备考本科,听大家都说考本科以后好找工作,于是他又投入了考本科大军。当准备报名参加本科考试的时候,他突然觉得本科并没有想象中有用。最后,他决定就业。在严峻的就业环境里,他盲目地寻找工作,结果可想而知,他并没有找到如意的工作。

小李的选择是无数职校生在读职校期间的缩影,小李没有找到一份如意的工作,并不是他不够勤奋和努力,而是因为他不知道自己毕业以后应该从事什么行业,不知道自己适合什么职业。盲目地从众跟风,最终的结果只能一无所长。

【心理课堂】

一、认识产业、行业、职业

(一) 产业

产业是国民经济活动的最基本类型,是由社会分工独立出来的、专门从事某一类别生产经营活动的单位的总和。

◆ <u>材料分享一</u>

三大产业分类

国家统计局把我国产业分为三大类。

第一产业——农业

第一产业包括种植业、林业、畜牧业、渔业等,简称农林牧渔。农业是国民经济的基础,是人类粮食和其他生活资料的来源,也是许多工业原料的提供者。

第二产业——工业、建筑业

工业包括冶金、煤炭、石油、机械、电子、纺织、化工、食品等方面,是采掘自然资源和对原材料进行加工或再生产的社会生产部门;建筑业则指从事建筑和安装工程施工的社会生产部门。第二产业是国民经济的支柱,其中工业在许多国家的国民经济中都起着主导作用。

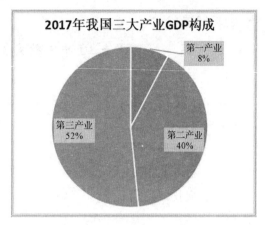

第三产业——除第一、第二产业以外的流通和服务类产业部门

第三产业即为社会公众提供社会性服务的非物质生产部门,包括流通部门、服务部门、教科文卫体育部门、机关团体等。

在社会分工中,第一和第二产业是物质生产部门,是第三产业发展的基础。第三产业是流通和服务部门,它虽然不直接从事物质生产,但可以促进整个社会和经济的发展。职业存在于产业之中,每一种产业都包含着多种职业。在三大产业中,二、三产业包含的职业最多。

(二) 行业

行业是指从事国民经济中同形式的生产或其他经济社会的经营单位或个体的组织结构体系,如金融业、汽车业、教育行业等。

在就读职业院校期间,你应该尽可能多地去了解行业,并选择自己感兴趣的行业。因为只有当你所了解的信息越多,涉及的范围越广,你选择的方向才会越多;只有当你了解的信息越全面,那么你选择的准确性才会越高。我们在选择自己感兴趣的行业的同时,还要注意了解该行业的未来前景,弄清楚什么是朝阳行业。比如,现在全球都在倡导环保、绿色、健康的理念,我国也在大力出台促进低碳环保的政策,所以新能源的开发就属于朝阳行业。再比如,国内人口老龄化的趋势越来越严重,人们越来越重视健康的问题,因为需求在逐渐增大,市场前景较好,所以养老、医疗、保健等行业就属于朝阳行业。

夕阳行业往往都是属于趋向衰落的传统行业或创新力枯竭、市场饱和、产品趋于同质性、竞争激烈、利润很低的行业。比如传统相机制造业、胶卷制造业、钢铁制造业等。

◆ **材料分享二**

未来10年有较大发展潜力的行业

1. 生物技术。
2. 以信息技术为主导的高技术,该领域的主要技术包括计算机和互联网技术、人工智能技术等。
3. 新材料科学领域。
4. 新能源及相关技术。
5. 空间技术。
6. 海洋技术与海洋资源开发。

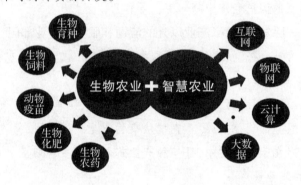

专家预测,上述六个领域的技术在未来的社会发展中可以形成九大科技产业,这些产业包括:生物工程产业、生物医药产业、光电子信息产业、智能机械产业、软件产业、新材料开发与制造产业、核能与太阳能等新能源开发产业、空间技术与开发产业、海洋技术与开发产业。

(三) 职业

职业是人们从事的相对稳定的、有经济收入的、专门类别的社会劳动,它是人们享有公民权利、承担公民义务与社会责任的重要体现。

职业由三个基本要素组成:劳动、有固定的报酬或收入、承担一定的职责并得到社会的承认。对于个人来说,职业具有三个功能:谋生的手段、为社会做贡献的岗位、实现人生价值的舞台。其中"谋生"是基础,"奉献"是过程,"价值"是结果。

职业随着社会的发展而产生和发展的。未来职业发展趋势是:由单一基础向跨专业、复合型转化;由封闭型向开放型转化;由传统工艺型向信息化、智能型转化;由继承型向知识创新型转化。服务型职业向知识技能化方向发展,职业的种类大量增加;第三产业职业数量增加;作业活动的内容弃旧从新。新职业分布最广的是社会服务领域,"创意设计类"的职业较多,另外,"顾问类""科技类""保健类"等职业也在不断增加。

◆ 材料分享三

国家职业分类

《中华人民共和国职业分类大典》将我国职业归为8个大类、66个中类、413个小类、1 838个细类(职业)。8个大类分别是:

第一大类,国家机关、党群组织、企业、事业单位负责人。

第二大类,专业技术人员。

第三大类,办事人员和有关人员。

第四大类,商业、服务业人员。

第五大类,农、林、牧、渔、水利业从业人员。

第六大类,生产、运输设备操作等有关人员。

第七大类,军人。

第八大类,不便分类的其他从业人员。

21世纪中国社会的主导职业

我国的人事管理机构根据全国各类专业协会的有关统计资料,对我国未来急需人才进行了分析和预测。分析结果认为,我国未来世纪的主导职业包括:会计、计算机、软件开发、环保、健康与保健医药、咨询服务、保险、法律、老年医学、服务、公关与服务、市场营销、生命科学、咨询与社会工作、旅游管理与服务、人力资源管理十六个行业。

二、生涯规划

(一)为什么要做职业生涯规划

◆ 心理阅读

目标从大一开始

徐某是一名普通的大专学生。来到学校的第一件事就是把学校周边贴的招聘广告通通看了个遍,很多人都以为他是在找工作,但慢慢地发现他只是向店主询问,简单了解之后就走了,没有丝毫要去工作的意思。

他平时没课的时候就喜欢走出校门去了解，时间一长商家和他也就熟了，身边的人觉得不理解，他做这些到底是为什么啊。虽然不知道原因，但肯定不是单纯的聊天，很多人都表示不理解。某天学校有个老师忍不住问他："你每天都去商家那里，究竟是做什么呢？"徐某笑笑说："每次走在路上看到商家招聘我就会进去，其实我不是无聊，专门找人聊天，而是每次看到他们招聘，我就特别好奇，他们招人的需求是什么，用人的标准又是什么，什么样的员工才是他们最满意的。通过跟他们交流，慢慢地了解到不同的地方对用人的要求也不一样，但他们有一共同的标准就是：吃苦耐劳，有较好的语言表达能力，勤奋好学。还有一句不变的准则：'只要你有能力在这个行业好好做，薪酬职位都不是问题。'我当时听到这些，感触挺深的，看到这些小公司的招聘要求，就想到那些大型企业的要求会更严苛。"

徐某在进入大专院校的半年后就找到了就业目标，他想进入新能源企业工作。他把新能源企业求职的要求、标准一一列出来，进行完善，就这样，徐某在一年级就完成了人生的第一份简历。紧接着他按照企业的准则要求自己，哪里不足就努力补充哪里，通过实践锻炼自己。大多数学生制作一份简历可能用一两个小时就结束了，而他用了三年时间来完成。毕业之后当很多同学开始到处找工作的时候，徐某已经坐上名企直通车了。

思考：徐某的案例给你怎样的启发？

孔子曰："吾十有五而志于学，三十而立，四十而不惑，五十而知天命，六十而耳顺，七十而从心所欲，不逾矩。"爱因斯坦也说过："在一个崇高的目标支持下，不停地工作，即使慢，也一定会获得成功。"

为什么要选择职业目标呢？因为如果你不清楚自己要朝哪个方向走，通常会原地踏步。就像大海中的航船、空中的飞机，没有目标就无法前行。如果没有职业目标，职业发展随时有可能陷入停滞状态。职业目标决定未来的高度，只有树立明确的职业目标，科学规划，才能明确奋斗的方向。这就是职业生涯规划的意义。

有的同学会说，计划赶不上变化，就算我现在做了职业生涯规划，并计划得很完美，但是在未来的日子里，我并不知道会发生什么样的事情，这些不可控的因素很有可能会改变我现在的想法，从而导致职业生涯规划做了也是白做。

不可否认，现实生活中的确存在着许多不可控的因素。职业规划的意义在于确定方向，好比导弹和炮弹的区别。炮弹发射后会按照既定的轨道去击中目标，飞行过程中，会受到很多因素的影响，比如空气摩擦力、万有引力等，最终炮弹可能无法击中目标，因为误差太大。而导弹为什么能够精准地击中目标呢？因为它会在飞行过程中不断地修改飞行轨迹，不管目标在哪里，它都能够准确地定位。那么职业生涯规划就是这样的导弹，而非炮弹。

（二）如何进行职业生涯规划

制定职业生涯规划需要遵循一定的原则，对自己的认识和定位是十分重要的。每个人都要发挥出自己的特长。从事热爱的工作，这样的人才是最幸福和最快乐的人，他们更容易在事业上取得成功。

职业生涯规划包括几个基本要素：了解自己，包括审视自己的兴趣、能力、价值观、性格、气质、成长历程对自己的影响等因素；了解环境，分析所从事行业需要的能力、主要就业渠道、岗位职责、发展前景、薪资待遇等。

第一，盘点自己。如果不清楚自己想做什么，适合做什么，能做什么，就难以找到自己发展的人生舞台。盘点自己包括：个人的能力、个人的兴趣与爱好、个人的性格与气质、个人的认识水平、个人的技能，进而综合评价自己。

第二，分析自己。可采用机会评估工具分析（SWOT分析法）。

优势分析：你曾经做过什么？你学习了什么？最成功的是什么？

劣势分析：性格的弱点，经验或经历中所欠缺的方面。

机会分析：对社会大环境的分析，对自己选择企业的外部分析，人际关系分析，潜在的危险分析。

分析自己的学业、专业与职业：学业是职业发展的基础，根据自己的能力与专业来选择自己的职业，确立职业目标。清楚地认识自己，就是要对自己的专业和职业进行完美组合，处理好专业与职业的关系。

确定自己的职业发展路线，询问自己：想往哪一条路线发展？我适合往哪一条路线发展？我可以往哪一条路线发展？

第三，职业目标的标准。职业目标必须是自己认真选择的，对选择的结果要认真评估，对目标充满信心，愿付出行动来完成，适合你的生活模式，符合你的价值观。同时要注意：不要太贪心，目标要具体明确，高低适度，兼顾平衡，个人目标与企业目标要一致。

第四，目标的设定要以自己的最佳才能、最优性格、最大兴趣、最有利的环境等信息为依据。通常设定目标时分短期目标、中期目标、长期目标和人生目标。

◆ **范文**

匠心筑梦·我的机械工程师之路
——我的职业生涯规划
江苏省惠山中等专业学校 G1723 李方玉

前 言

毕业后的我们,要踏入一个怎样日新月异的社会?不正是因为未来如此难以预料,我们才更要确立自己的目标吗?而这正是规划职业生涯的意义。习近平总书记说,为实现中华民族伟大复兴的中国梦而奋斗,是中国青年运动的时代主题。为每个青少年播种梦想、点燃梦想,让更多青少年敢于有梦、勇于追梦、勤于圆梦,让每个青少年都为实现中国梦增添强大青春能量。所以在今天这个人才竞争的时代,我们大专生就不能没有紧迫感了,我们应该从现在起,就做好应对的准备了。

一、自我分析

职校的生活除了理论知识的学习,更多的是让我们去掌握技能,参加各类活动和比赛,提高自己的综合能力。为了更好地完成职业生涯规划,本人特通过SWOT分析了自己的性格、爱好、能力等方面,得出以下结论。

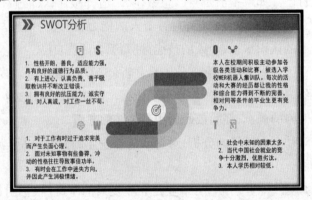

二、外部环境分析

1. 家庭环境

从小我是在老家淮安跟着爷爷奶奶一起生活的,从二年级开始才被爸妈接到无锡来上学。父母由于工作繁忙,我从二年级便开始自己上下学,自己做早饭吃,一直持续到六年级。到了初中便开始寄宿,这使我养成了良好的独立自主能力以及动手能力。

2. 学校环境

踏入职业学校后,主动担任班长职务,也得到了老师们的肯定。职校学习的氛围和模式与普通高中完全不同,职校更重视专业技能和实操训练,我要多多参加实践技能训练,从而能更快地进入工作角色。

3. 社会环境

机械行业是为各行各业制造并提供机械设备和电气装置的行业,被誉为"国民经济的装备部"。有专家预测,21 世纪的中国很可能成为全球的制造业和加工工业中心。在今后 10 年内,社会对机械行业毕业生总体需求较大,其中机电一体化专业人才较为紧缺。

三、目标确定及措施制定

我自小有一个当工程师的梦想,而现在我也圆了我自小的梦想——我所学专业为机电一体化专业。我想我能在这种学习环境下充分挖掘自己的能力和特长,培养自己的专业技能,当一名工程师(助理)是我现阶段最理想的职业。

为了有步骤、有计划地实现自己的人生总目标,我决定制定如下不同时期的阶段性目标。

自动化工程师助理(机器人方向)

1. 学习目标及措施制定(2017—2022)

时间	阶段性目标	措施
一年级	1. 适应职校生活,成绩名列班级前十。 2. 通过计算机一级 B 的考试。 3. 竞选班长,加入共青团。	针对每门功课制订学习计划,学习成绩保持稳定,这是今后发展自我的基本保障,争取期末获得三好学生。竞选班委时,主动竞选班长。积极向团组织靠拢,认真上好团课,通过团课考试。
二年级	1. 提升人际关系能力。 2. 获得中级工证书。 3. 通过学测考试。 4. 加入校级技能社团。	作为班长,要树立威信,善于化解同学之间的矛盾,组建拥护自己的班委团队。认真实训,勤于练习。参加 WER 机器人社团,早日成为省创新创业比赛选手。

续表

时间	阶段性目标	措施
三年级	1. 竞选学生会主席或校团委书记。 2. 积极向党组织靠拢。 3. 参加省创新创业比赛。 4. 利用课余时间学习 CAD、SolidWorks 等绘图软件。	牺牲部分娱乐时间,积极参加学校组织的各类活动,抓住机会竞选学生干部,同时辞去班长职务。通过 WER 社团老师的辅导和自己的努力,争取在各类大赛中获奖。经常迈入图书馆,确保1学期2本书籍的阅读量。自学绘图软件。向学校递交入党申请书,参加党课培训。
四年级	1. 获得维修电工高级工证书。 2. 参加省创新创业比赛并获奖。 3. 担任学生干部,组织开展校内活动,成为入党积极分子。 4. 增加阅读量,提升专业能力。	提升自己的专业技术水平,刻苦训练,通过职业资格考核,获得证书;牺牲绝大部分娱乐时间,加强政治理论学习,通过党课考核;熟练掌握 WER 机器人的编程与调试方法,获得省级三等奖以上名次;协助老师组织开展校园文化艺术节、三创节、校级文明风采比赛等活动。
五年级	1. 撰写毕业论文,参加顶岗实习,完成五年制大专学业。 2. 辞去学生干部职务。 3. 增强体育锻炼。 4. 明确就业和提升学历的方向。	完成毕业设计指导老师布置的任务,高质量地完成毕业论文和答辩。服从学校的安排,参加顶岗实习,认真服从企业的规定,多学多干,积累实践工作经验,为就业做好铺垫。作为学生干部,站好最后一班岗,协助老师做好学生干部换届工作。课余时间加强体育锻炼,关注企业招聘和本科招生的信息,做好两手准备,根据实际情况,和父母商量后择优选择。

2. 职业目标及措施的确定。

需求状况:我国是制造大国,正努力成为制造强国,随着时代的发展、社会的老龄化,企业对高技能熟练工的需求将越来越大。

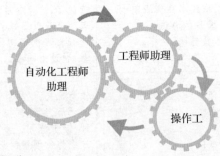

(1) 机电一体化,操作工。

目标:通过顶岗实习,顺利完成角色转变,踏入工作岗位,成为一名技术操作工,争取1~2年成为企业优秀员工。期望薪资:月薪3 000 元。

达成阶段目标的条件与措施:中专及中专以上学历,具有一定的专业知识,心理健康,责任心强,吃苦耐劳等。利用学校双选会,有针对性地选择自己的第一份职业,做好角色转变和充分的思想准备,少说话多实干,积累工作经验。

(2) 机电一体化工程师助理。

目标:积累3年工作经验后,通过自己的努力能升职,成为班组长、工程师助理。期望薪资:月薪4 500元,有休息日。

达成阶段目标的条件与措施:大专及大专以上学历,工作经验丰富,能应对一些日常的突发情况,专业知识操作技能强,心理健康,责任心强,有一定的领导能力等。

通过网上投简历,直接应聘中、高层技术岗位,应聘职位时,要明确在该企业有晋升的机会,避免从低层做起。

(3) 自动化生产管理人员(机器人方向,职业最高目标)。

目标:满3~5年工作经验后,通过自己的努力能升职,转变自己的工作性质,期望转型技术管理类。期望薪资:月薪5 500元,并有休息日、年假以及员工福利。

达成阶段目标的条件与措施:本科及本科以上学历,工作经验丰富,技术技能全面,具有管理能力、团队协作能力,责任心强,有一定的领导能力等,具有高级工及高级工以上的技能证书、省技能大赛获奖证书等。

通过网上投简历,直接应聘技术管理岗位,应聘职位时,要明确在该企业有晋升的机会,公司有朝阳发展理念。

四、评估与调整

任何计划都不可能是一成不变的,这份职业规划会随着形势的变化而变化,关键是远大的志向和奋斗的目标不能变。在实施过程中还是可能会遇到一些困难和波折,如临近毕业是选择就业还是提升学历的问题,每年要做充分的市场调查,综合家庭意见再做选择。我的职业生涯路线要在这个计划的基础上根据社会环境的变化做适当的调整与修订,以此来达到最好的人生状态。

五、总结

萨特说过:"人生是一系列的选择过程,选择什么样的人生,便追求什么样的人生,追求什么样的人生,便实现什么样的人生。"我成功的标准是:首先,能够在自己的岗位上干出一些成绩,工作得到公司领导的认可,能为企业的发展贡献自己的力量。其次,让自己的工作充满乐趣,向他人谈到自己的工作时感到愉快。一个人,若要获得成功,必须拿出勇气,付出努力、拼搏、奋斗。成功,不相信眼泪;成功,不相信颓废;成功不相信幻影,未来,要靠自己去打拼!未来,掌握在自己手中!

(本文荣获2018—2019学年无锡市中等职业学校"文明风采"活动"职业规划"项目一等奖)

【趣味一测】

如果有机会让你到以下六个岛屿旅游,不用考虑费用等问题,你最想去的是哪个岛屿?

1. E岛:显赫富庶的岛屿。

岛上的居民热情豪爽,善于企业经营和贸易。岛上的经济高度发展,处处是高级饭店、俱乐部、高尔夫球场。来往者多是企业家、经理人、政治家、律师等,衣香鬓影,夜夜笙歌。

2. S岛:温暖友善的岛屿。

岛上居民个性温和、十分友善、乐于助人,社区自成一个密切互动的服务网络,人们多互助合作,重视教育,弦歌不辍,充满人文气息。

3. I岛:深思冥想的岛屿。

岛上人迹较少,建筑物多僻处一隅,绿野平畴,适合夜观星象。岛上有多处天文馆、科博馆以及科学图书馆等。岛上居民喜好沉思、追求真知,喜欢和来自各地的哲学家、科学家、心理学家等交换心得。

4. R岛:自然原始的岛屿。

岛上保留有热带的原始植物,自然生态保持得很好,也有相当规模的动物园、植物园、水族馆。岛上居民以手工见长,自己种植花果蔬菜、修缮房屋、打造器物、制作工具。

5. C岛:现代井然的岛屿。

岛上建筑十分现代化,呈进步的都市形态,以完善的户政管理、地政管理、金融管理见长。岛民个性冷静保守,处事有条不紊,善于组织规划。

6. A岛:美丽浪漫的岛屿。

岛上充满了美术馆、音乐厅,弥漫着浓厚的艺术文化气息。同时,当地的原岛民还保留了传统的舞蹈、音乐与绘画,许多文艺界的朋友都喜欢来这里寻找灵感。

解析:

1. 选择E岛。

类型:企业型(Enterprising)。

喜欢的活动:喜欢领导和影响别人,或为了达到个人或组织的目的而善于说服别人。希望成就一番事业。

喜欢的职业:商业管理、律师、政治运动领袖、促销人员、市场或销售经理、公关人员、采购员、投资商、电视制片人和保险代理。

2. 选择S岛。

类型:社会型(Social)。

喜欢的活动：帮助别人，喜欢与人合作，热情关心他人的幸福，愿意帮助别人解决困难。

喜欢的职业：教师、社会工作者、牧师、心理咨询师、服务性行业人员。

3. 选择 I 岛。

类型：研究型（Investigative）。

喜欢的活动：处理信息（观点、理论），喜欢探索和理解、研究那些需要分析、思考的抽象问题。喜欢独立工作。

喜欢的职业：实验室工作人员、生物学家、化学家、社会学家、工程设计师、物理学家和程序设计员。

4. 选择 R 岛。

类型：实用型（Realistic）。

喜欢的活动：愿意从事事务性的工作，喜欢户外活动或操作机器，而不喜欢在办公室工作。

喜欢的职业：制造业、渔业、野外生活管理业、技术贸易业、机械业、农业、林业、特种工程师和军事工作。

5. 选择 C 岛。

类型：事务型（Conventional）。

喜欢的活动：组织和处理数据，喜欢固定的、有秩序的工作或活动，希望确切地知道工作的要求和标准。愿意在一个大的机构中处于从属地位。

喜欢的职业：会计师、银行出纳、簿记人员、行政助理、秘书、档案文书、税务专家和计算机操作员。

6. 选择 A 岛。

类型：艺术型（Artistic）。

喜欢的活动：创造，喜欢自我表达，喜欢写作、音乐、艺术和戏剧。

喜欢的职业：作家、艺术家、音乐家、诗人、漫画家、演员、戏剧导演、作曲家、乐队指挥和室内装潢人员。

【健心活动】

1. 根据自身掌握的知识，研究各职业所属的行业并指出产业层次，看看你能写出多少种。

职业	行业	产业	职业	行业	产业
教师			售货员		
导游			快递员		
厨师			建造师		

2. 客观、全面地分析自己，将现在的自己和十年后理想的自己填入下面表格内，并与同学们分享。

	现在的自己	十年后的自己
学历		
工作		
收入		
职务、职称		
能力		
其他		

思考：① 现在的自己和十年后的自己，差距在哪里？

② 如何实现十年后的目标？

3. 结合你的专业，想一想你将来从事的职业是什么行业？属于第几产业？

4. 参照"职业生涯规划书"范文，结合自己的实际情况，设计一份自己的职业生涯规划。

第二节 积极准备 理性求职

【心事心语】

某五星级酒店来校招聘餐饮服务专业毕业生，条件比较苛刻，必须"三班倒"，很多同学因此而退却。但小张同学认为自己还年轻，可以试一试。她便精心准备，以良好的表现获得了入职机会，开始实习。实习期间，她一直努力工作，从不抱怨，总是以真诚的笑容和良好的服务对待每一个人。鉴于她的优秀表现，实习期一满，酒店就送她到国外培训。目前她已经是这家酒店的客服经理。

【心理课堂】

一、求职,你准备好了吗

(一)求职定位

1. 端正就业观念

按照我国就业政策的规定,只要劳动者通过一定的途径,实现同生产资料相结合,从事一种合法的社会劳动,取得一定的报酬或劳动收入,就是就业。在求职过程中,广大毕业生必须树立正确的就业观念,摆正自己的位置,客观、冷静地进入求职状态,认识社会,以自身的实力,主动适应社会需要。

正确的就业观念就是:

① 不等不靠找市场。

② 不究性质谋单位。

③ 不唯对口用所长。

④ 不贪安逸求发展。

⑤ 不求定位先就业。

⑥ 不求从业求创业。

2. 找准职业定位

面对许多职业选择,求职就业不只是简单地"找一份工作",还应是"挑一份工作",个人要挑选适合自己的岗位,岗位也在选择最适合的人选。通常情况下,择业方向由本人所学专业确定。

若自我定位准确,要求的条件符合客观情况,求职将容易实现;反之,条件越多、越高,实现起来就会越困难。对自己的定位,既不妄自菲薄,导致定位过低;更不高估自己,导致期望值过高。不要过分在意单位的名气、薪资的高低,只要这家单位、这个岗位适合自己就可选择。从基层做起,脚踏实地,逐步积累经验,谋求发展。

3. 把握就业机遇

对于每一位求职者而言,机会都是均等的、无处不在的,就看你如何把握身边那些随时而来、稍纵即逝的机会。若求职者抓住了,机会就归你所有。若错过了,就无法回头。因此,当有价值的招聘信息、适合你的就业岗位出现的时候,最好主动出击,以最快的方式做出反应,让对方知道你、了解你,才有可能选中你。

（二）心态调整

1. 求职心理问题

面对就业,求职者的心理是复杂多变的。有积极的方面,但也会出现种种心理矛盾、心理误区和心理障碍。在面对就业竞争中的挑战与压力及复杂多变的环境时,难免会出现过度焦虑、急躁、消极等待、怀才不遇、攀比、嫉妒、抑郁、逆反、自卑、自负、从众、依赖等不良的心理问题。

2. 求职心理调适

求职心理调适是指求职者采取措施把已失调的心理调节到正常状态的过程。

在求职过程中遇到困难,甚至经过几次挫折是正常的;遇到许多心理冲突、困惑,产生一些不良情绪也是正常的,但并不是必然的。要分析失败的原因,总结经验教训,进行自我调节,释放心理压力,积极寻求家人、老师、朋友等的帮助,消除不良情绪,保持良好的、积极的心态,重新踏上成功求职之路。

◆ <u>材料分享一</u>

心理调适方法

（1）自我激励法：我是最棒的,我一定会成功！

（2）注意转移法：美美睡一觉,玩玩电脑,翩翩起舞,挥笔作画……

（3）适度宣泄法：哭一场,说一通,唱一曲,吃一顿……

（4）自我安慰法：没关系,更好的会奔向我。怕什么,大家都是,又不止我一个。

（5）合理情绪疗法：与非理性认知辩论,"我必须成功""我一无是处""还有比这更糟糕的吗"这些想法是不正确的,从而建立理性认知。

二、适应职场生活

◆ <u>材料分享二</u>

负 责

职校毕业的小秦在多次碰壁后找到了一家汽车销售公司的前台接待工作。对这份得之不易的工作,小秦十分珍惜,尽管做的是前台接待,同时还兼做公司其他很多杂务,工资并不高,但她工作认真负责,经常一个人自愿留下来加班,直到把手头的事务处理完毕。

有一天,她加班结束正欲锁门时,接到一份来自英国的传真。只有中专学历的她,只认得其中不多的单词,至于内容,她全然不懂。她打电话给老板,可老板关机。她本打算第二天上班再交给老板处理,可机警的她忽然意识到英国和中国的时差问题,说不定对方还等着回复呢。于是她坐下来,拿起英汉辞典及汽车专用英汉辞典翻译起来。搞懂意思后,她又用简单的英语回了传真。回家后,她一夜没睡好觉,这么大的事没经老板批准就独自做主回了传真,真不知老板会怎么处置她。谁知,第二天上班老板欣喜若狂,正因为小秦的及时回复,才使得他们在其他几个同样接到英方传真的中方公司之前抢了先机,为公司争得了开张以来的最大一宗生意。小秦"多负"的一份责任,给公司带来了一笔可观的利润,而她本人也得到了一份不菲的奖金。

思考:小秦具备了哪些成为优秀员工的特征?

(一) 敬业乐业,提升岗位胜任力

爱岗敬业是职业素养的首要内涵,是职业道德和优秀品格的集中体现,是职场中员工胜任工作的基础。一个人成功的因素中,知识占20%,技能占40%,态度占40%,我们常说的"态度决定一切"就是这个道理。比尔·盖茨曾说:"无论在什么地方工作,员工与员工之间在竞争智慧和能力的同时,也在竞争态度。一个人的态度直接决定了他的行为,决定了他对待工作是尽心尽力还是敷衍了事,是安于现状还是积极进取。态度越积极,决心就越大,对工作投入的心血越多,从工作中获得的回报就越多。"

1. 让敬业成为职业习惯

从管理学的角度看,敬业的内涵非常广泛,勤奋、负责、担当、认真、专注、追求等都涵盖其中。可以说敬业不仅是一种工作态度、职业能力、职业精神,更是一种使命。在现代职场,从业者能否创造佳绩、取得事业的成功,很大程度上取决于其是否具备敬业精神以及敬业程度的强弱。

那么,怎样做才算敬业?一家知名企业的人力资源总监说过一句话:"职场不可能人人都是精英,我们需要的是大量敬业而忠实的员工。你只要'不骄不躁、谦虚谨慎、勤奋好学、踏踏实实',那么恭喜你,你完全具备了成为我们企业优秀员工的资格!"这席话,相信对于我们将要踏上工作岗位的职业学校学生来讲,有很多的启发:只要自己够敬业,向企业展示出我们的敬业精神,并且努力把敬业变成职业习惯,那么,我们不仅能胜任自己的本职工作,成为企业的优秀员工,还会从中获得无尽的快乐及成就感。

2. 干一行,爱一行

我们经常听到人们抱怨自己的工作多么辛苦,工作压力多么大,工作剥夺了他们生活的乐趣和生命的自由。而有些人却与之相反,他们视工作为一种享受、一种乐趣。两种态度注定了他们会画出完全不同的人生轨迹。作为社会成员,不论对自己从事的工作是否感兴趣,都要从整个社会需要的角度出发,努力培养兴趣,热爱自己的工作岗位。

(二) 牢记责任,提升高效执行力

责任心是现代企业员工必备的职业素养,是企业生存和发展获取竞争优势的基石,任何企业都需要大批能够将承担责任作为职业习惯的员工。调查研究显示,具备将承担责任作为职业习惯的优秀员工都有以下特征:企业利益至上的价值观念、认真负责的职业精神、自觉自发的做事态度、勤奋奉献的职业品性、益人益己的诚信行为和不折不扣的高效执行力。

多承担一些责任,多一份责任感,这不仅证明你很出色,很有能力,而且你因此会得到比薪水更重要的资源财富。责任越重,被肯定的价值和获得的信任就越高。如果你拒绝了这份责任,同时也就拒绝了超越自己、提升自我的机会。

(三) 高效沟通,亲近你我

沟通对于人类来说是最基本的需求。人终要踏入社会,必然要与人沟通和交流,要想在社会中发展得如鱼得水,必须拥有良好的沟通和交际能力。罗斯福说:"成功的公式中,最重要的一项因素是与人相处。"人际沟通的技巧、方法是生活中每个人必须学习的。

人际沟通技巧四要素：真诚、信任、克制、热情。

真诚的心能使交往双方心心相印，彼此肝胆相照，真诚的人能使交往者的友谊地久天长。

信任就是要相信他人的真诚，从积极的角度去理解他人的动机和言行，而不是胡乱猜疑，相互设防。

与人相处，难免发生摩擦冲突，克制往往会起到"化干戈为玉帛"的效果，但克制并不是无条件的，应有理、有利、有节。

热情能给人温暖，能促进人的相互理解，能融化冷漠的心灵。为此，我们要学会主动与人交谈，脸上时常带着微笑，用你的真挚与热忱，让别人更愿意与你沟通和交流，表现你的友善及愿意帮助他人的意愿，这样才能相互信任。

（四）协同合作——使价值最大化

"单丝不成线，独木不成林。"一个人再才华横溢、能力过人，也无法单枪匹马成就一番事业。团队合作就是一群有能力、有信念的人在特定的团队中，为了一个共同的目标，相互支持、合作奋斗的过程。单打独斗的时代已经过去，未来个人和企业制胜的关键是"依靠团队的力量作战"。正如微软总裁比尔·盖茨所说，"团队合作是一家企业成功的保证，也是个人成功的前提"。

1. 欣赏别人的不同

所谓统合综效，就是要尊重他人的差异，利用团队合作，扬长补短，以达到 $1+1>2$ 的效应。每个学生都有不同的家庭背景、成长经历，性格、心理、思维都有差异，若这种差异太大，很容易产生摩擦。在学校里，经常会遇到学生之间讨论问题，观点不一致时产生冲突的现象。

实际上，不同的观点反而是完善自己观点的一次机会，很少有人意识到的是，"如果一位具有相当聪明才智的人跟我意见不同，那么对方的主张必定有我尚未体会的奥妙，值得我们进一步了解"。

"三人行,必有我师焉。"只有保持一颗谦虚上进的心,才能发现别人的长处,正视自己的短处,从而不断地完善自己。统合综效要求我们协同合作,知己知彼,发挥自己和队友的最大力量,达到协作增效的效果。

2. 化阻力为动力

有句话说:"不怕神一般的对手,就怕猪一样的队友。"这句话最开始出现在团队竞技的游戏里,明明快到手的胜利总是因为某个队友的错误而错失良机,让人愤慨。

团队的力量大于个体力量的总和,但真正要做到并不容易。消极、负面的氛围会影响团队处理事情的效率。要实现统合综效,离不开五个步骤。

第一,明确问题和机遇的所在。想要做好一件事,目标导向是非常重要的,只有目标清晰,你才能看清自己需要的是什么,抵制那些五花八门的诱惑,坚定不移地前进。

第二,了解他人的想法。尊重人与人之间的差异性,虚心接受他人不同的观点和主张,坚持移情聆听的原则。

第三,阐述你的想法。将自己变成一个有趣的礼物,让打开你的人收获惊喜,同时,要有技巧地表达自己的观点,让别人更容易接受和理解你。

第四,集体自由讨论。古有百家争鸣,今有言论自由,个人思想的集合就是新方案、新想法诞生的摇篮。

第五,提出解决方案。团队的强大在于,凝聚所有人的能力后,提出最佳解决问题的方案。

(五)关注细节,提升业绩创造力

1. 卓越业绩始于细节

竞争,往往就是细节的竞争。天下难事,必做于易;天下大事,必做于细。细节和小事往往能反映出我们的专业水准。小事的成功看似偶然,实则孕育着必然。在企业的发展过程中,忽略任何一个细节,都可能给企业带来意想不到的致命打击和损害。每一件事都值得我们去做,即使是最普通的事,也不应该敷衍或轻视懈怠。注重细节,收获更多!

2. 工作之中无小事

大量的工作其实都是一些琐碎的、繁杂的、细小工作的重复。所有的成功者与我们一样,都做着同样简单的小事。唯一的区别就是,成功者从不认为他们所做的事是简单的小事,他们也从来不会因为错误小就放过纠错的机会。

有机构做过一个这样的统计:每年会有11.45万双不成对的鞋被摆上货架;每年会有250万本书的封面被装错;每年会有2万个处方被误开;每年会有550万盒饮料质量不合格;每天会有12个新生儿被错交到其他婴儿的父母手中;每小时会有1 822份邮件投递错误。

要有做小事的精神,才会具备做大事的素质。如果轻视小事、忽略细节,就永远成不了大事。所以,对于小事、细节,尤其要谨慎对待。正因为它小,才容易被忽视;正因为它细,才更容易出纰漏。在小事上多下点功夫,在细节上多做些准备,才能立于不败之地。我们必须学会把做小事作为锻炼自己、深入了解情况、加强业务知识、熟悉工作内容的机会,利用这种机会多方面体会,增强自己的思考能力和判断能力。

三、你适合创业吗

西安理工大学2007届毕业生小黄曾参加了陕西市政府举行的全市落实创业政策恳谈会。会上,他道出自己想建立一个大学生求职网站的想法,得到了市长陈宝根的赞赏和支持。在市长的鼓励下,这个充满了创业激情的小伙子迅速完善了先前酝酿许久的创业计划书,架构起未来网站的基本框架。但一个绕不开的问题是,由于自己并不会写电脑程序,网站的建立必须由专业的技术人员来完成,这名技术核心人物在哪里?苦苦找寻数月无果,小黄只好暂时收起创业梦想,先找份工作,给别人打工。

(一) 创业意识

创业意识的内容包括商机、转化、战略、风险和勤奋等方面。

创业意识的内容	内 涵
商机意识	足够的市场敏锐度,宏观地审视经济环境,洞察市场形势的走向
转化意识	把商机、才能、知识转化为智力资本、人际关系资本和营销资本
战略意识	在创业的不同时期制定不同的创业策略,及时转换创业战略

续表

创业意识的内容	内　涵
风险意识	认真分析创业过程中可能会遇到的风险,懂得应该如何应对和化解
勤奋意识	职业院校学生创业,要务实、勤奋,切记不能停留在理论研究上

(二)创业能力

创业者在市场和商海中拼搏,不亚于打一场没有硝烟的战争,有的人可能获得成功,有的人可能遭遇失败,这与创业者的素质和能力有直接关系。外在条件的优劣固然重要,但最终决定创业成败的还是创业者个人的能力。1998年,联合国教科文组织把创业能力定义为未来世界的"第三本护照"。

1. 能沟通、会协调

沟通协调能力是创业者首要的必备能力。沟通、协调是个人事业成功的基础。一个人的成功,要靠集体的力量。没有他人的帮助,仅靠个人单干,事业是很难成功的。要想创业成功,必须善于沟通和协调。

(1)肯定自信。

有自己的想法与作风,不随波逐流,肯定自己,坚定自信。

(2)体谅他人。

设身处地为别人着想,并且体会对方的感受与需要。对方也会相应地体谅你的立场与好意,从而做出积极的、适当的回应。

(3)适当提示。

适当提示对方产生矛盾与误会的原因,希望对方信守诺言。

(4)有效告知。

直接告诉对方自己的要求与感受。但要切记"三不谈":时间不恰当不谈,气氛不恰当不谈,对象不恰当不谈。

(5)善于倾听。

善于倾听别人,就是一种高情商的表现,有效的倾听,简单来说,有三大关键。第一,需要专注地听,倾听的时候要目视对方,目光接触越多,谈话参与度就显得越高。第二,回应之前要稍稍停顿。第三,倾听的技巧为提问。

2. 能经营、会管理

◆ 材料分享三

糖炒栗子的"饥饿策略"

有家小小的干果店在当地极负盛名,每次最少排半小时的队才能买上炒货,它打破了"小店只能用来养家糊口"的固有观念,不到40平方米的店面,过节时一天能卖出2 000多斤糖炒栗子。栗子、瓜子等一些干果一年就能卖出五六百万元,小店经营的秘诀在哪里?

秘诀一:好味道源于精挑细选。商家直接到原产地收购栗子(即要满足80颗栗子约重500克的出口标准)。糖炒栗子和别家还有一个不同之处,就是糖稀和沙子都是独家专用的。

秘诀二:利用市场的"饥饿策略"营销。一锅炒栗子大概20来斤,并没有大规模生产来保证供应,这采用了典型的市场"饥饿策略"营销。糖炒栗子供应不够,需求旺盛,人们就得排队购买,人们越排队,越觉得糖炒栗子很值这个价钱。

思考:干果店营销方法的实质是什么?

企业的本质是追求经济效益。企业倒闭的原因有千条,归根结底是管理上有漏洞、经营上有失误。成功企业的经验有若干种,归根结底是管理得法、经营有方。在当今,重管理,善经营,已成为企业永恒的主题。

3. 懂技术、善创新

产品质量是企业的生命。产品质量的优劣,已不仅仅是传统概念上的物美价廉、经久耐用,而且要求产品具有较高的科技含量,使用时科学、安全、自动化和智能化。

纵观当代企业,唯有不断创新,才能在竞争中处于主动,做到人无我有、人有我优。创新是带有氧气的新鲜血液,是企业的生命之源。

创业实际就是一个充满创新的事业,创业者必须具备创新能力。有创新思维,无思维定式,不墨守成规,能根据客观情况的变化,及时提出新目标、新方案,不断开拓新局面,创出新路子。

4. 抓机遇、敢决策

发现商机最根本的一点就是要不断地关注市场变化,不但要了解市场需求的现状,还要了解不易察觉的变化以及未来可能的趋势;要敢于相信自己的判断,嗅出商机,就要果断出手,不要顾虑太多,稍有犹豫间,就有可能失去一闪即逝的商机,错过了就再难以补偿了。

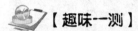
【趣味一测】

创业者潜力测试

1. 是否曾经为了某个理想而设下两年以上的长期计划,并且按计划进行直至完成?

2. 在学校和家庭生活中,你是否在没有师长和亲友的督促下,就自己完成分派的任务?

3. 你是否喜欢独自完成工作,并做得很好?

4. 当你与朋友在一起时,你的朋友是否常寻求你的指导和意见?你是否曾被推举为领导者?

5. 在你以往的经历里,有没有赚钱的经验?你喜欢储蓄吗?

6. 你是否能够专注做自己感兴趣的事连续10个小时以上?

7. 你是否习惯保存重要资料,并且整理得井井有条,以备需要时可以随意提取查阅?

8. 在平时生活中,你是否热衷于社会服务工作?你关心别人的需要吗?

9. 你是否喜欢音乐、艺术、体育及其他各种活动?

10. 在此之前,你是否带动其他人员,完成过一项由你领导的大型活动或任务?

11. 你喜欢在竞争中生存吗?

12. 当在别人的管理下工作时,发现其管理方法不当,你是否会想出适当的管理方式并建议改进?

13. 当你需要别人的帮助时,是否能充满自信地提出要求,并且能说服别人来帮你?

14. 在你筹款或者义卖时是不是充满自信而不害羞?

15. 当你要完成一项重要工作时,是否总给自己留出足够的时间仔细完成,还是在匆忙中草率完成?

16. 参加重要聚会时,你是否准时赴约?

17. 你是否有能力安排一个恰当的环境,使你在工作过程中不受干扰,有效地专心地工作?

18. 你交往的朋友中,是否有许多有成就、有智慧、有眼光、有远见、老成稳重型的人?

19. 你在学校或团体中,被认为是受欢迎的人吗?

20. 你自认为是理财高手吗?

21. 你是否可以为了赚钱而牺牲自己的娱乐?

22. 你是否总是独自挑起责任的担子,彻底了解工作目标并认真地执行工作呢?

23. 在工作中,你是否有足够的信心和耐心?

24. 你能否在很短的时间内结交许多新朋友?

计分标准:

评分标准:答"是"得1分,答"否"不得分。统计所有分数。

结果分析:

6~10分:目前不适合创业,应先找一份工作,并学习技术和专业。

11~15分:需要在别人指导下去创业,才会有成功的机会。

16~20分:适合自己创业,但必须在所有"否"的答案中,分析出自己的问题并加以纠正、改进。

21~24分:非常适合创业,你可以从小事业开始,积累经验,成为成功的创业者,你具备无限潜能,只要把握住时机,你可能是未来的商业巨子。

【健心活动】

1. 调整自己的情绪。

我的想法	我的情绪	换个想法	我的情绪
我个子矮,别人一定瞧不起我			
我没有一点长处,真没用			
我家境贫寒,根本找不到自信			

2. 西游记团队中需要裁掉一个人,你会裁掉谁?为什么?

3. 分析下文《林黛玉进贾府》中王熙凤的出场，她是如何做到高效沟通的。

一语未了，只听后院中有人笑声，说："我来迟了，不曾迎接远客！"黛玉纳罕道："这些人个个皆敛声屏气，恭肃严整如此，这来者是谁，这样放诞无礼？"心下想时，只见一群媳妇丫鬟围拥着一个人从后房门进来。这个人打扮与众姑娘不同，彩绣辉煌，恍若神妃仙子：头上戴着金丝八宝攒珠髻，绾着朝阳五凤挂珠钗；项上带着赤金盘螭璎珞圈；裙边系着豆绿宫绦，双鱼比目玫瑰佩，身上穿着缕金百蝶穿花大红洋缎窄裉袄，外罩五彩刻丝石青银鼠褂，下着翡翠撒花洋绉裙。一双丹凤三角眼，两弯柳叶吊梢眉，身量苗条，体格风骚，粉面含春威不露，丹唇未启笑先闻。黛玉连忙起身接见。贾母笑道："你不认得他。他是我们这里有名的一个泼皮破落户儿，南省俗谓作'辣子'，你只叫他'凤辣子'就是了。"黛玉正不知以何称呼，只见众姊妹都忙告诉他道："这是琏嫂子。"黛玉虽不识，也曾听见母亲说过，大舅贾赦之子贾琏，娶的就是二舅母王氏之内侄女，自幼假充男儿教养的，学名王熙凤。黛玉忙陪笑见礼，以"嫂"呼之。这熙凤携着黛玉的手，上下细细打量了一回，仍送至贾母身边坐下，因笑道："天下真有这样标致的人物，我今儿才算见了！况且这通身的气派，竟不像老祖宗的外孙女儿，竟是个嫡亲的孙女，怨不得老祖宗天天口头心头一时不忘。只可怜我这妹妹这样命苦，怎么姑妈偏就去世了！"说着，便用帕拭泪。贾母笑道："我才好了，你倒来招我。你妹妹远路才来，身子又弱，也才劝住了，快再休提前话。"这熙凤听了，忙转悲为喜道："正是呢！我一见了妹妹，一心都在他身上了，又是喜欢，又是伤心，竟忘记了老祖宗。该打，该打！"又忙携黛玉之手，问："妹妹几岁了？可也上过学？现吃什么药？在这里不要想家，想要什么吃的，什么玩的，只管告诉我。丫头老婆们不好了，也只管告诉我。"一面又问婆子们："林姑娘的行李东西可搬进来了？带了几个人来？你们赶早打扫两间下房，让他们去歇歇。"

说话时，已摆了茶果上来。熙凤亲为捧茶捧果。又见二舅母问他："月钱放过了不曾？"熙凤道："月钱已放完了。才刚带着人到后楼上找缎子，找了这半日，也并没有见昨日太太说的那样的，想是太太记错了？"王夫人道："有没有，什么要紧。"因又说道："该随手拿出两个来给你这妹妹去裁衣裳，等晚上想着叫人再去拿罢，可别忘了。"熙凤道："这倒是我先料着了，知道妹妹不过这两日到的，我已预备下了，等太太回去过了目好送来。"王夫人一笑，点头不语。

4. 读了"旧货大王"的故事，你有什么启发？

商机无处不在

温州商人钟文龙刚到上海的时候，两手空空，没有本钱，他只好到一家工厂打工。有一次，钟文龙在街上的书店看书，中午的时候他出来买包子吃，看到有一个收废品的人从书店后院出来，拉着一车旧书。钟文龙忙上前去打听，原来，这些是新华书店清理仓库时的处理货,都被当废纸卖掉。

钟文龙一看这么多的书,立刻想到,书是拿来读的,只要书有价值,旧一点有什么关系。于是,他用高于收废品的价格从收废品的人的手中买下了这些书,然后把这些书进行分类、整理。第二天,钟文龙在农贸市场摆了个书摊,当天就赚了15元。接下来的日子里,这些书又给他带来了许多利润。

后来,钟文龙开始专注于收购旧货,整理后再售出。他租了一家门面,专门做旧货收购。旧书、旧杂志、旧磁带、旧衣服、旧家具、旧电器等,这些东西在钟文龙眼里都是"宝贝"。钟文龙的生意迅速扩展到安徽、湖南、山东等省,他也成为了名副其实的"旧货大王"。

参考书目

1. 金友鹏.高职心理健康[M].南京:江苏教育出版社,2014.
2. 李惠兴,王丽娟.心理健康[M].南京:江苏教育出版社,2014.
3. 无锡市学校管理中心.高中生心灵之旅[M].南京:凤凰出版社,2013.
4. 张容,刘大坤,张建林.心理健康[M].天津:天津大学出版社,2017.
5. 傅宏.心理健康教育[M].南京:江苏凤凰科学技术出版社,2016.
6. 许晓霞,高惠华.中职生心理辅导[M].北京:中国人民大学出版社,2014.
7. 许百华.青少年心理卫生[M].北京:北京大学医学出版社,2007.
8. 丁品森.青少年心灵氧吧[M].地址:华龄出版社,2011.
9. 江苏省职业生涯规划与就业创业教材编写组.职业生涯规划与就业创业[M].南京:江苏教育出版社,2012.
10. 沈年华.赢在素养:百万大学生与无数职场新人的职业必修课[M].北京:中国商业出版社,2019.
11. 法伯.罗杰斯心理治疗[M].郑钢,等,译.北京:中国轻工业出版社,2006.
12. 吉文林.职业生涯规划与就业创业[M].南京:江苏教育出版社,2012.